サクッとわかるビジネス教養

新 地政学

奥山真司 監修
多摩大学大学院　客員教授

新星出版社

はじめに

introduction

国際政治が「劇」なら、地政学は「舞台装置」
国家の裏側にある思惑をひも解くスキル

現在では、インターネットを通じて海外のニュースに触れる機会も増え、ひと昔前にははるか遠い存在だった〝国際情勢〟というものがずいぶん身近になりました。世界はどんどん小さくなり、グローバル化が進んだ現在、教養として重要度を増しているのが、地球全体をマクロな視点でとらえ、世界各国の動向を分析する地政学です。

では、地政学とは何なのでしょう。研究者によってさまざまな答えがあると思いますが、私は「国際政治を冷酷に見る視点やアプローチ」と考えています。多くの日本人が思うよりも、国際政治での国家のふるまいは冷酷で残虐です。ここでいう〝冷酷〟とはどういうことか、詳しいことは、本編を読んでいただければおわかりになるはずです。

2024年現在、中東ではイスラエルとハマスの衝突、ヨーロッパではロシアによるウクライナ侵攻など、さまざまな争いが発生しています。この混乱の背後で、アメリカと中国は世界の覇権をめぐって〝新冷戦〟ともいえる頂上決戦を行っているのにお気づきでしょうか？　この決戦は、世界の将来を左右するものですから、海外で活躍するビジネスマンなどは当然として、ほとんどすべての人に影響を与えるでしょう。こうした世界的な動きを正確に把握するには、地政学的な視点が絶対に必要なのです。

例えるなら、国際政治を「劇」とすれば、地政学は「舞台装置」です。「劇」の裏側で、そのシステム全体の構造を決めているのは「舞台装置」ですから、国際政治の表面的な部分だけでなく、その裏にある各国の思惑を理解するには、地政学の考え方を身につける必要があるのです。

本書を通じ、今後ますます混乱する世界情勢を理解するための視点を身につけていただければと思います。

奥山真司

CONTENTS

Chapter 1 Basic Knowledge

地政学のルールを理解せよ!

基本的な6つの概念

Chapter 2
Japanese Geopolitics

関係国とのリアルな情勢を知る

日本の地政学

Chapter 3
Great power Geopolitics

世界を動かす大国の戦略が見える

アメリカ・ロシア・中国の地政学

Chapter 4

Other places Geopolitics

さまざまな思惑が複雑に絡み合う

アジア・中東・ヨーロッパの地政学

STAFF

デザイン 鈴木大輔、仲條世菜（ソウルデザイン）

イラスト 前田はんきち

DTP 高 八重子、齋藤光

企画 千葉慶博

編集 田山康一郎、阿部雅美

編集協力 藤田健児

地政学とは……

地理的に衝突が頻発する

3大エリアの衝突をマクロな視点で読み解く

「ハマスとイスラエルの対立」や「スウェーデンのNATO加盟」など世界のニュースが身近になった現在、国際情勢を知る教養として、注目を集めている地政学。しかし、地政学をはっきりと知っている人は、多くないでしょう。

上図は、地政学の重要な概念を提唱したマッキンダーという人が描いた世界地図を簡略化したものです。地政学とは、おおまかにいえば地図の中央上部エリアの勢力と、周辺の対抗勢力との衝突をマクロな視点で研究するもの。

3大エリアをめぐる〝国のふるまい〟の研究

もう少し具体的にいえば、アジア・中東・ヨーロッパという3大エリアで、衝突に関係する国のふるまいの研究です。世界的なニュースのほとんどは、このエリアに関わっているるため、地政学を知ることは、世界の情勢を知ることにつながるのです。

地政学を戦略に活用すれば“道”や“要所”をおさえてエリアを一気に支配できる

効率的に、あるエリアを支配するには……

前のページで紹介したように地政学の本質は、世界をマクロな視点でとらえるものですが、もう少し身近に、ミクロな視点での地政学を見てみましょう。

地政学における国際情勢の研究では、「ある国やエリアを誰がどうやって支配するのか」が非常に重要なポイントです。地政学的に、支配するのにもっとも効率が良く、効果的なのが「道」と「要所」を手に入れること。

　現在、国が存続するには、他国から石油や電子部品を輸入することは必須です。こうした物流は、山や海などの地理条件から経路が限られるため、通行できる「道」を必ず通ることになります。つまり、道を奪われると物流が破綻し、国は存続できないのです。さらに、道を奪うといっても、全体を監視する必要はなく、必ず通る要所だけを見張れば物流をコントロールでき、支配につながるのです。この重要性は「近所の主要路に関所《せきしょ》などを置かれた」と想像してみるとわかりやすいでしょう。このように、地政学をミクロな視点でとらえると、あるエリアを支配するための戦略が見えてきます。

ここを支配するには
迂回路のない
A地点だけを
見張ればいいのだ!
A地点

地政学を知ると

地政学の理論では中国の外交は**必ず失敗する**

急成長をとげ、一帯一路構想などで海外進出をする中国。しかし、地政学の理論で見ると、かつてローマ帝国や大日本帝国が衰退したのと同じ、ある重大な欠陥が（➡P118）。

中国やロシアなど、内陸の大国は**領土を奪われないために拡大する宿命**が

ニュースなどで見かける中国やロシアの領土問題。いつの時代も内陸の大国は拡大する性質があり、それは領土を奪われる恐怖が影響しています（⬇P84、102）。

ローマ帝国に大英帝国、アメリカも。覇権国のスタートは**近海の制覇**

かつて世界の覇権を握ったローマ帝国に大英帝国、そして、現在その座はアメリカです。実はこうした覇権国の海洋進出で最初に行うのは、常に“近海の制覇”です（➡P48）。

見えてくる世界の姿

日本では条約を守るのが当然。世界では**地政学的メリット**の優先が当たり前

日本人は、決まりを遵守するのが当然と考えますが、実は世界ではそれは少数派。世界では、自国の権益を守るため、地政学的なメリットを優先するのが当たり前なのです。

国際社会でのふるまいはイデオロギーでも世論でもなく**軍事力と経済力のパワーで決まる**

地政学を知ると、軍事力と経済力というリアルなパワーのみで動く、世界の論理が見えてきます。そこに、イデオロギーや世論などはあまり関係ないのです（➡P16）。

白村江《はくそんこう》の戦いから日中戦争、ウクライナ侵攻まで…。大きな国際紛争は**陸VS海の権力闘争**

地政学的な視点で見ると、これまで地球上で起きた大きな国際紛争は、陸勢力（ランドパワー）と海勢力（シーパワー）の闘争です（➡P22、24）。

Geopolitics Column

01

昔のセオリーがドイツやイギリス、アメリカで体系化されてきた!
地政学の歴史

現在、世界中で研究されている地政学というアプローチが、どのように誕生し、発展してきたのか、その歴史を見てみましょう。

はるか古代から、戦争や物流において人間が物理的に移動できる距離や移動に適した地形など、地理に関するセオリーは存在していました。こうした知識を近代的な戦略として初めて活用したのが、1800年代後半のドイツ帝国、現在のドイツといわれています。プロイセン王国は地理や地形のセオリーを戦略として活用し、当時の大帝国であったフランスとの普仏戦争に勝利し、ドイツ帝国を築いたのです。

こうして、「国際紛争や外交で役立つ実践的な学問として地理を研究しよう」という機運が高まっていきました。

日本でいうと明治時代に、アメリカのマハンという軍人が、シーパワーやランドパワー（P22）の概念を提唱し、イギリスのマッキンダーという学者はマハンの主張を継承しながら、ハートランド（P24）という概念を提唱しました。

その後、第二次世界大戦の時代にアメリカの学者、スパイクマンによってリムランド（P24）という概念が提唱され、地政学の基礎が完成し、体系化されていったのです。当時考え出された理論の多くは、現在の外交戦略でも活用されています。

Chapter
1
Basic Knowledge

地政学のルールを理解せよ!

基本的な6つの概念

各国の情勢を地政学的な視点で検証する前に、
地政学の基礎的な概念を紹介します。「ランドパワー」や
「シーパワー」など、耳なじみのない言葉もありますが、
基本概念さえ知っておけば、スムーズに理解が進みます。

地政学を駆使すれば世界を「コントロール」できる!?

地政学とは、簡単にいうと「**国の地理的な条件をもとに、他国との関係性や国際社会での行動を考える**」アプローチ。例えば、海に囲まれ、大軍が押し寄せるリスクが少ない日本と、内陸国で常に攻め込まれるリスクのあるウズベキスタンでは、防衛戦略は異なります。防衛以外でも、国際政治やグローバル経済などでの国の行動には、**地理的な要素が深く関わっているのです。**

地政学の最大のメリットは、**自国を優位な状況に置きながら、相手国をコントロールするための視点を得られること。**地政学を活用すれば、リスクの高い「戦争で領土を奪う」ことをしなくても、「相手国から原料を安値で買う」など、経済的なコントロールを考えることが可能になるのです。また、国家のふるまいは、「利益」「名誉」「恐怖」など、リアルな本能の部分が関わっています。イデオロギーを排除し、**地理的な側面から国家のふるまいを検証する地政学を学べば、国の本音を見抜けます。**

現在の覇権国であり、世界をコントロールする存在がアメリカです。アメリカは必要な相手を、「完全支配」から「選択的関与」「オフショア・バランシング」「孤立主義」という4つのオプションに分け、関与するレベルを考えています。

国同士のコントロール

相手より優位に立ち、相手を管理する

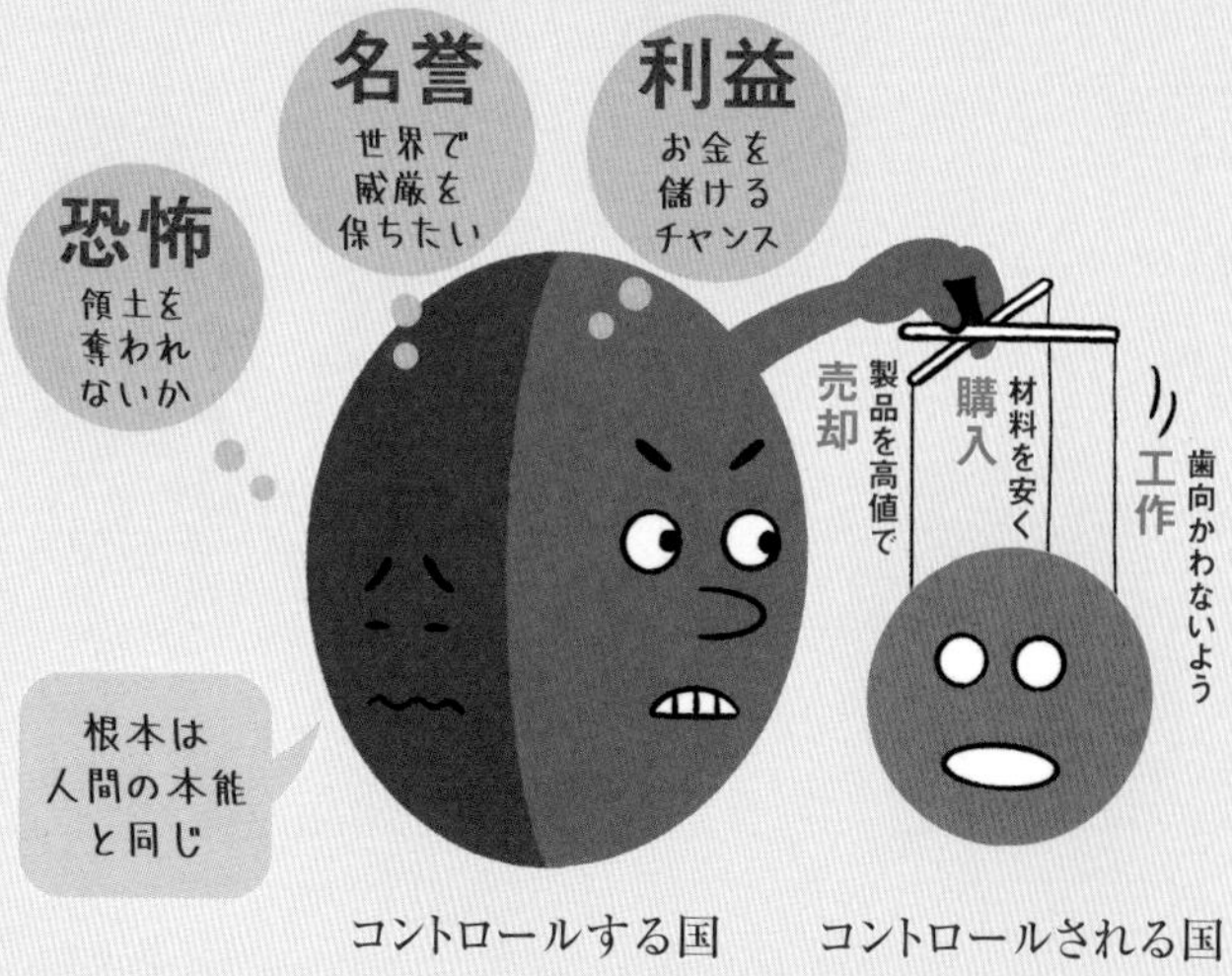

アメリカの4つのオプション

関与のレベル（強→弱）

完全支配 (Primacy)	アメリカが相手国の全土に出向いて軍隊を常駐させ、政策にまで関わり、国の運営のすべてを管理下に置く
選択的関与 (Selective Engagement)	アメリカにとって重要なエリアにのみ軍隊を駐留させる。必要な部分にのみコミットして、コントロールする
オフショア・バランシング (Offshore Balancing)	相手の領土には出向かず、少し離れた場所から様子を見つつ、必要に応じて圧力をかけるなど、間接的にコントロールする
孤立主義 (Isolationism)	コントロールというよりもアメリカの対外戦略の1つだが、軍隊を撤退させ、重要なとき以外は海外派兵をしない

基本的な概念2

他国をコントロールする戦略「バランス・オブ・パワー」は、要するに猿山理論

前節で紹介した、地政学の最大のメリットである〝相手をコントロール〟するための重要な考え方が、「バランス・オブ・パワー」と「チョーク・ポイント（P20）」です。

まず「バランス・オブ・パワー」とは、日本語にすると〝勢力均衡〟。突出した強国をつくらず、勢力を同等にして秩序を保つという国際関係のメカニズムです。これを地政学的に考えると、上位の立場の国が、下位の国へ仕掛ける戦略が見えてきます。例えば、**1位の国が勢力を増した2位の国に対し、3位以下の国と協力しながら挟み込んで国力を削ぐというもの。2位以下の勢力を均一化し、抵抗を不可能にするという考え方で、**内容的には、猿山のボスと、その他の猿の力関係のようなシンプルな理論です。

この「バランス・オブ・パワー」で世界を制覇したのが大英帝国、昔のイギリスです。イギリスは、世界中の国と戦って勝利したわけではなく、無敵艦隊をほこるスペインや、ナポレオンのいるフランスなど、ユーラシア大陸で強大な勢力が登場したときのみ、周辺国と協力しながら戦い、世界を制覇したのです。さらに、アメリカは、冷戦以降、常にこの「バランス・オブ・パワー」を意識した対外戦略を展開しています。

バランス・オブ・パワーの考え方

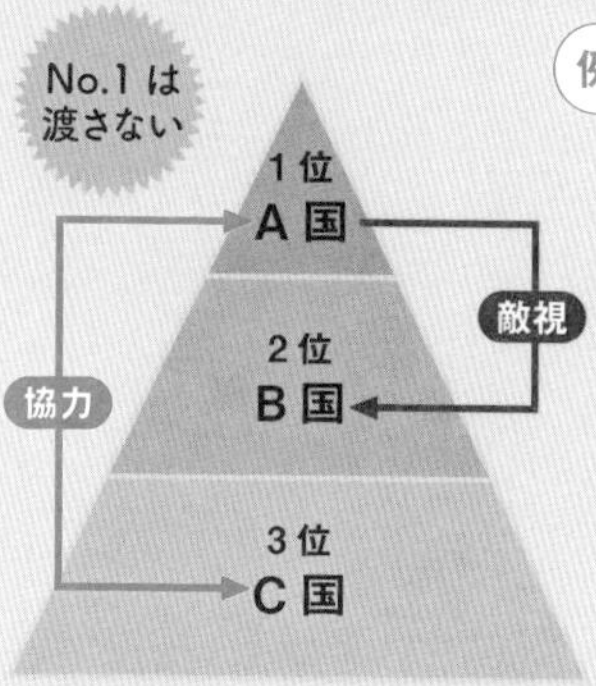

最大勢力であるA国は、3位のC国と同盟関係などを結んで協力し、2位のB国と対立する。こうすることで抵抗できる国をなくす。

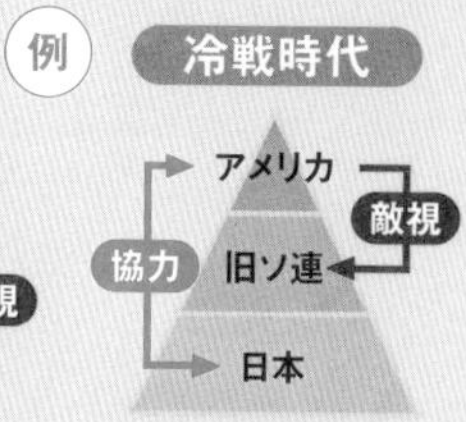

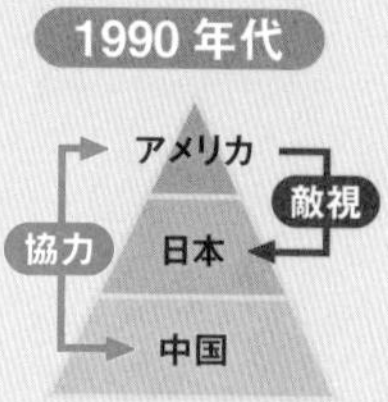

「バランス・オブ・パワー」の考え方で、アメリカはソ連やかつての日本、現在の中国と対立。

かつて世界を席巻した英国流バランス・オブ・パワー

①ヨーロッパの1位はイギリスだが、大陸ではドイツの勢力が拡大

②ドイツ周辺国を支援しながら攻撃し、国力を低下させる

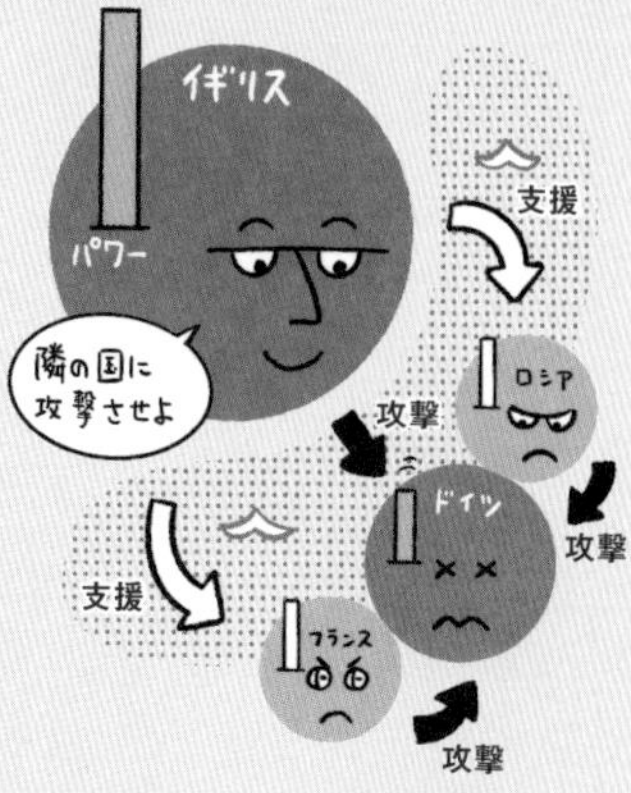

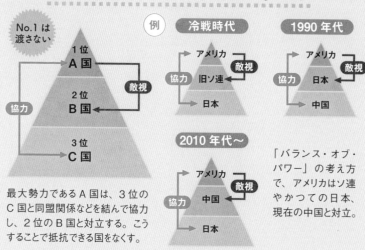

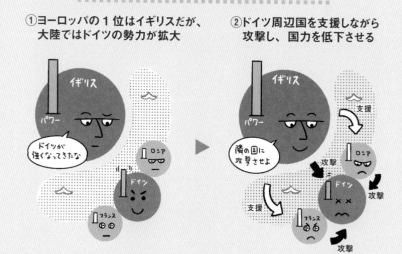

「チョーク・ポイント」をおさえて国家の命綱である「ルート」を支配する

〝相手をコントロール〟するのに重要な「チョーク・ポイント」を紹介する前に、「ルート」を知っておく必要があります。

ここでいうルートとは海上交通の道、つまりは海路のこと。グローバル化といわれる現在でも国から国、また、中東やアジアなどエリア間の**大規模な物流の中心は海路であり、国家の運営においてルートは命綱です**。「チョーク・ポイント」とは、**このルートを航行するうえで通ることの多い、海上の関所**。具体的には、陸に囲まれた海峡や、補給の関係上、必ず立ち寄る場所で、世界に十数個ほど存在するといわれています。

ルートを支配するには、他国のコントロールに直結するチョーク・ポイントをおさえる必要があります。別の見方をすれば、他国をコントロールする際、陸海の両方に人員を配置するのは労力が膨大になるため効率が悪く、その点、チョーク・ポイントをおさえれば、低コストで大きな影響力を持てるのです。

現在、世界の多くのチョーク・ポイントをおさえているのが米海軍です。**アメリカが世界の覇権を握れるのは**、世界最大規模の陸軍や、最新鋭の戦闘機をそろえる空軍ではなく、**チョーク・ポイント、そしてルートを握る海軍の力**なのです。

チョーク・ポイントとは

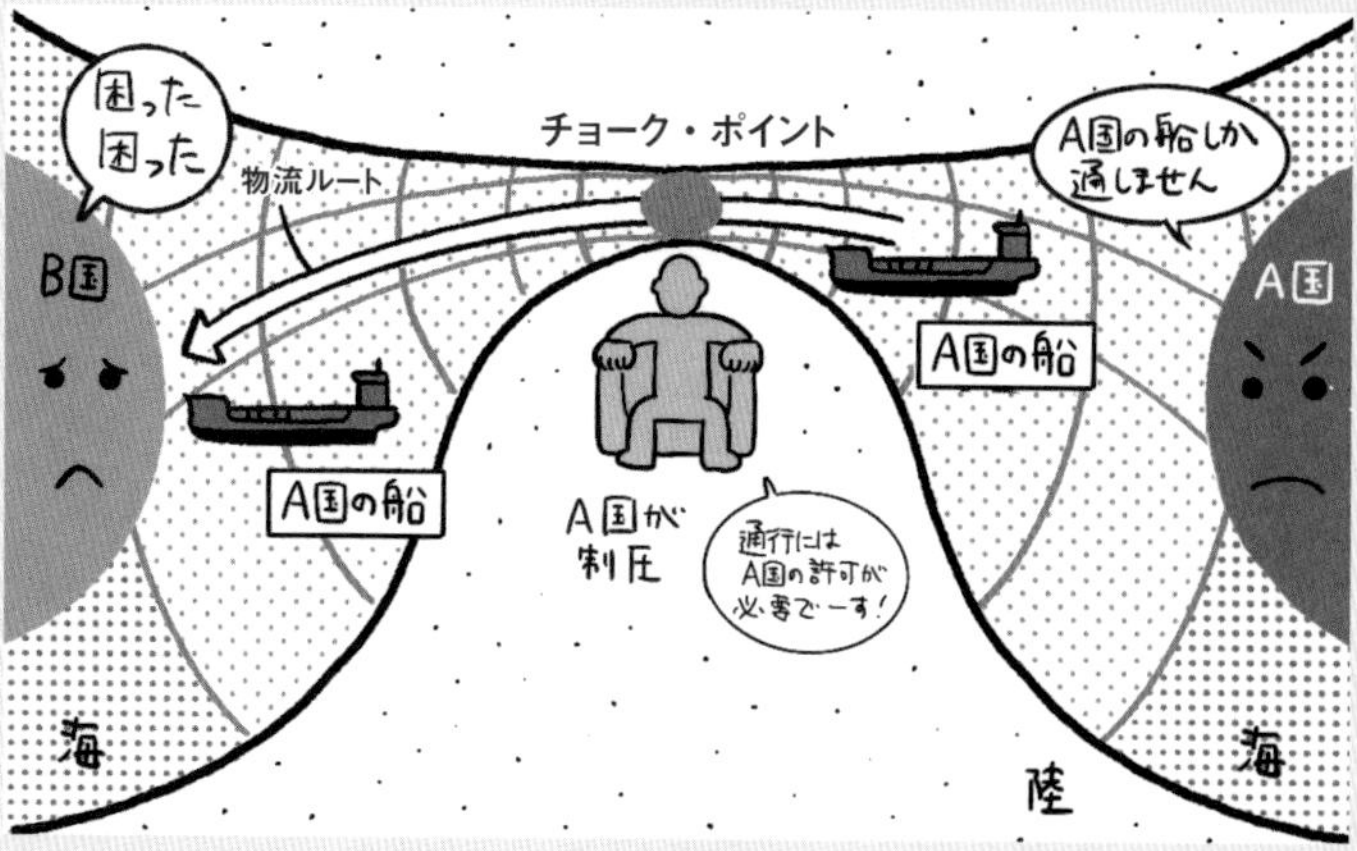

チョーク・ポイントをおさえるだけで、ルートを支配でき、
同時に周辺国にまで大きな影響力を持つことができる。

世界の主要なチョーク・ポイント

海流や水深などの自然環境や、貿易上の燃料費などのコスト、国際的なルールにより、ルートはある程度決まっており、確実にチョーク・ポイントを通る。

基本的な概念4

国際的な紛争に見え隠れする「ランドパワー」と「シーパワー」の正体

地政学の基礎的な概念である**「ランドパワー」**とは、**ユーラシア大陸にある大陸国家**で、ロシアやフランス、ドイツなどが分類されます。一方の**「シーパワー」**とは、**国境の多くを海に囲まれた海洋国家**のことで、日本やイギリス、大きな島国と見なされるアメリカなどのこと。

人類の歴史では、大きな力を持ったランドパワーの国がさらなるパワーを求めて海洋へ進出すると、自らのフィールドを守るシーパワーの国と衝突する、という流れを何度も繰り返しています。つまり、**大きな国際紛争は、常にランドパワーとシーパワーのせめぎ合い**なのです。

もう1つ、歴史から浮かび上がるポイントが、**〝ランドパワーとシーパワーは両立できない〟**こと。古くは、ローマ帝国はランドパワーの大国でしたが、海洋進出をして国力が低下し、崩壊。また、日本の敗戦も太平洋の支配に加え、中国内陸部への進出を目論み、シーとランドの両立を目指して失敗したと地政学では考えます。

アフガニスタン介入でアメリカが撤退したのは、シーパワーの国が大陸内部に進み過ぎたためと考えられます。国際情勢を読み解く際、関係する国がシーパワーかランドパワーのどちらかを考えるのは、非常に重要な視点です。

ランドパワーとシーパワー

ランドパワー

ユーラシア大陸内陸部の国々。陸上戦力を持ち、道路や鉄道を使った陸上輸送能力に優れる。

《代表的な国》

ロシア　中国　ドイツ　フランス

シーパワー

国境の多くが海洋に面する国々。海洋に出る船はもちろん、造船場や港湾施設などを持つ。

《代表的な国》

アメリカ　イギリス　日本

外に出たい！
対立
押し止めたい

歴史を見ると、ランドパワーとシーパワーが交互に力を持つ

10〜15世紀
航海技術が未発達で、物流は陸上中心
ランドパワー優位

物流は陸路が中心で、海路は比較的近い場所同士の運搬に使われる程度だった。

→

15〜19世紀
スペインやイギリスが世界を席巻
シーパワー優位

大航海時代。スペインに無敵艦隊が登場したり、イギリスが世界中の海を制覇したりした。

↙

19〜20世紀後半
鉄道建設が進み、ドイツやロシアが台頭
ランドパワー優位？

鉄道建設が盛んになり、陸上交通が急激に発達。海上交通と同等の物流能力を得る。

→

20世紀後半〜
アメリカと日本が世界の富を手中に収めた
シーパワー優位？

戦勝国であるアメリカや、その支援を受けた日本といったシーパワーの国が台頭。

大きな紛争は「ハートランド」のランドパワーと「リムランド」のシーパワーの衝突

シーパワー・ランドパワーは国の勢力の性質を示すものでしたが、地球上の領域に関する重要な概念が、「ハートランド」と「リムランド」です。ハートランドとは、**文字通りユーラシア大陸の心臓部**で、現在のロシアのあたり。寒冷で雨量が少なく、平坦な平野が多いエリアです。古くから人が少なく、文明もあまり栄えていません。一方、リムランドは、**主にユーラシア大陸の海岸線に沿った沿岸部**で、温暖で雨量が多く、経済活動が盛んなエリアです。世界の多くの大都市がこの場所にあり、人口が集中しています。P8で紹介した3つのエリアもリムランド内にあり、**他国に影響力を持つにはこのエリアの支配が重要です**。

ハートランドとリムランド、シーパワーとランドパワーの関係を見ると、内陸部であるハートランドの国は必然的にランドパワーに分類され、沿岸部のリムランドの国はシーパワーの影響が大きいでしょう。歴史上、厳しい環境のハートランドの国は、豊かなリムランドにたびたび侵攻しており、リムランドの国と衝突しています。つまり、地政学的には、**リムランドは「ハートランドのランドパワー」と「周辺のシーパワー」という勢力同士の国際紛争が起こりやすい場所**なのです。

ハートランドとリムランド

ハートランド

ユーラシア大陸の中心エリア。長い間、北部は氷に覆われる北極海であり、海洋にはアクセスができなかった。（現在では一部溶解しており、部分的に通行が可能）

リムランド

古くから文明や都市が発展してきたハートランドの周縁（リム）のエリア。ヨーロッパや中東、中央アジア、東南アジア、東アジアなどが含まれるが、アメリカやイギリス、日本は含まれない。歴史的に、国際的な大規模紛争の多くはこのエリアで勃発しており、近年でもその傾向は変わらない。

《リムランドで起きた近年の大規模紛争》

1955年～　ベトナム戦争（インドシナ半島）
2001～2021年　アフガニスタン紛争（インド周辺）
2003年～　イラク戦争（アラビア半島周辺）
2022年～　ロシアのウクライナ侵攻
2023年～　パレスチナ・イスラエル戦争

地政学の進歩

地政学が発展してきたのは1800年代後半。何人かの研究者によって、基礎的な概念が次々と提唱された。詳しくはP14

マハン
アメリカの軍人。「シーパワー」「チョーク・ポイント」などの概念を提唱。

マッキンダー
イギリスの学者。マハンの主張を受け、「ハートランド」という概念を提唱。

スパイクマン
アメリカのジャーナリスト出身の学者。「リムランド」という概念を提唱。

国同士の衝突の火種に!? コントロールに必須の「拠点」の重要性

相手をコントロールする際に、もう1つ重要なのが、足がかりとして〝拠点〟をつくること。ある**エリアをコントロールするには、その付近に拠点をつくり、レーダーで監視をしたり、軍隊を駐屯するなどして影響力を保持します**。そして、必要があればその影響の及ぶ範囲内に新たな拠点を築き、侵攻していくのです。

例えば、沖縄の米軍基地は、主に中国や北朝鮮に影響力を持つための拠点であり（P40）、横須賀の基地は、主に西太平洋対策の拠点です（P44）。ほかにも米軍は、インド洋のディエゴ・ガルシア島や、ドイツのラムシュタインなどにも大規模な拠点を展開し、対抗勢力であるイランやロシアを監視しています。

また、急成長している中国は、アラビア半島に隣接する、アフリカ大陸のジブチ共和国に初の海外拠点を置き、同時に南シナ海にも続々と拠点を築きつつあります（Ｐ１０６）。どちらも、アメリカと対立しています。２０１４年にロシアがクリミア半島を併合したのも、拠点の奪還という意味があり、その後のウクライナ侵攻につながっています。**国と国の小競り合いは、コントロールに必須の拠点争いが原因であること**が多いのです。

拠点の重要性

イギリスのアフリカへの侵入

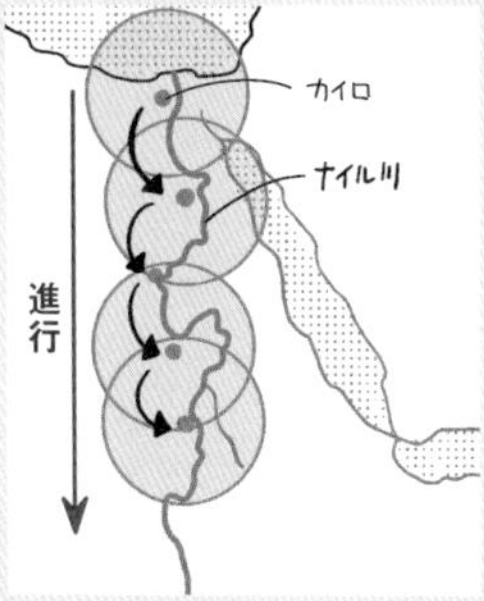
カイロ
ナイル川
進行

1800年代後半のイギリスは、まずナイル川下流の都市カイロを拠点にして影響力を保持して徐々に上流にのぼった。

離島から、影響力を持つ

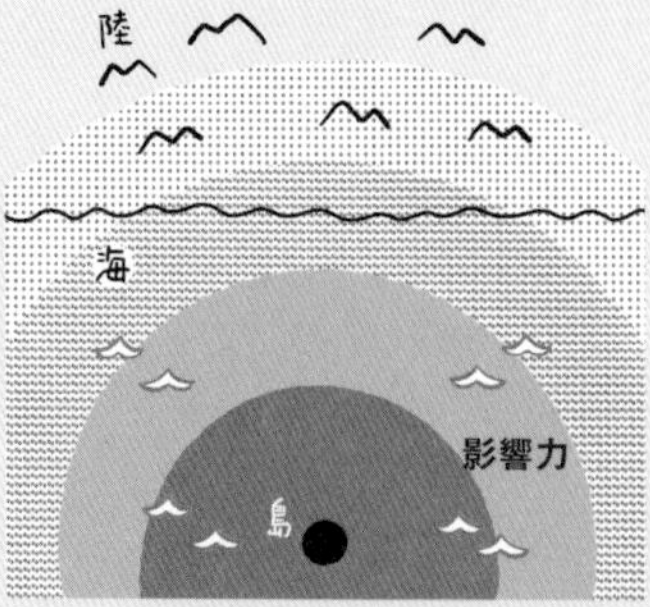
陸
海
影響力
島

海洋から陸地をコントロールする場合、沖合にある島に拠点を築き、陸地にまで影響力を保持する。

アメリカ軍の代表的な海外拠点

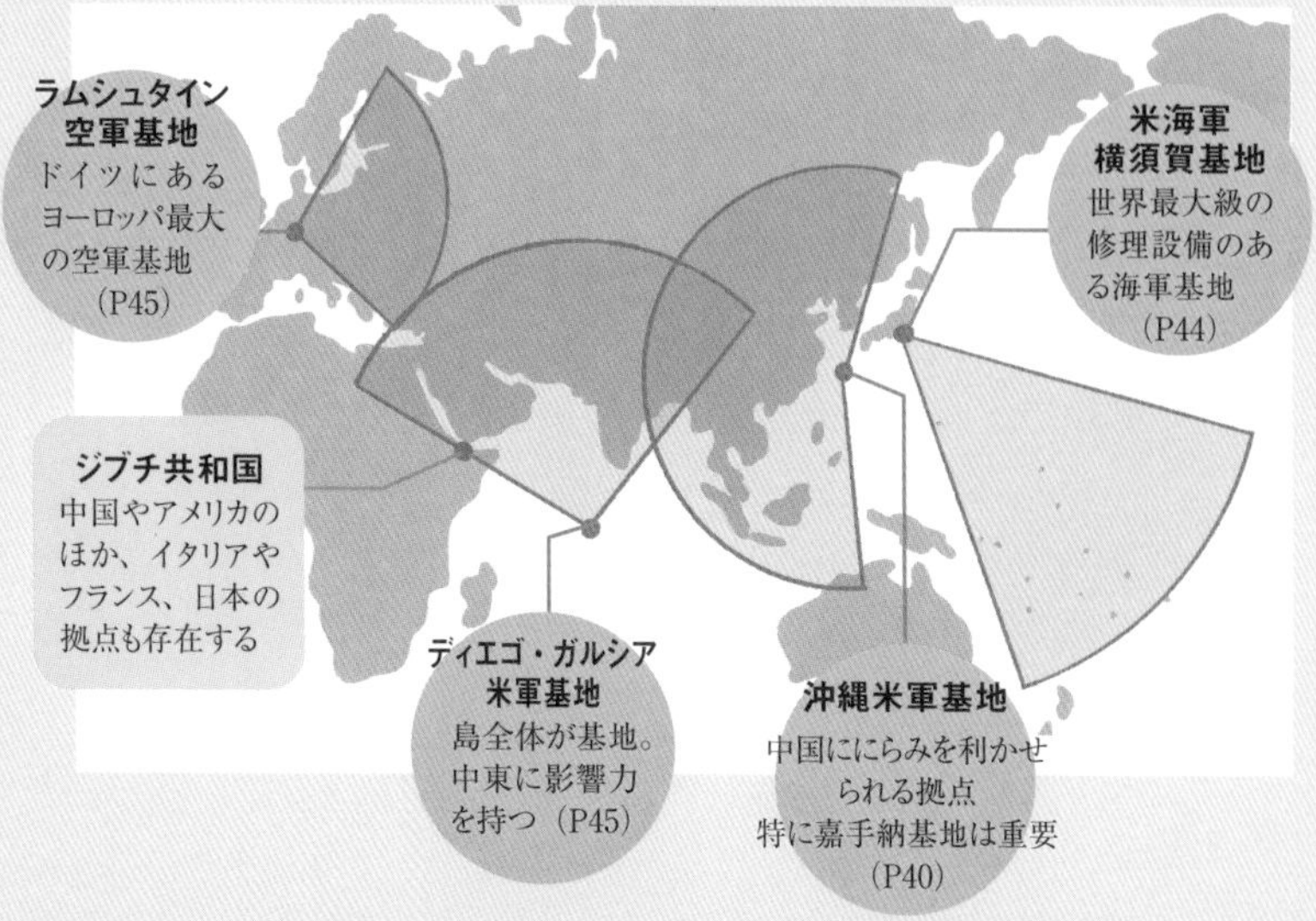
ラムシュタイン空軍基地
ドイツにあるヨーロッパ最大の空軍基地（P45）
米海軍横須賀基地
世界最大級の修理設備のある海軍基地（P44）
ジブチ共和国
中国やアメリカのほか、イタリアやフランス、日本の拠点も存在する
ディエゴ・ガルシア米軍基地
島全体が基地。中東に影響力を持つ（P45）
沖縄米軍基地
中国ににらみを利かせられる拠点
特に嘉手納基地は重要（P40）

02

一般的な学問とは少し異なる地政学の実像とその他の基礎的な概念

ここでは、地政学とはそもそもどのようなものなのか、また、第１章で紹介した「６つの概念」以外にもある、基礎的な概念や考え方についてご紹介します。

地政学は“体系的な学問”ではなく、「アプローチ」

近年、ニュース番組や雑誌などで触れる機会が増えた地政学。ただ、その全体のイメージを正確につかめている人は多くないでしょう。「○○学」とついているので、体系的に整理された、いわゆるアカデミックな学問のようなものだと捉えられがちですが、実は基本的に地政学に体系的な論理はなく、すべてを説明できる理論もありません。

そうではなく、地政学とは過去の事例から判明した実践的な知識の積み重ねであり、“（国家にとって、もっとも普遍的な）地理的条件を下敷きにした、国際政治や外交のアプローチ”です。少し異なる言い方をすれば、国同士の関係や国際社会は、歴史や経済、科学技術、国民感情など無数の要素が複雑に関わって変化していきますが、地政学は、地理を切り口にした考え方とも言えるでしょう。

もっとも普遍的な要素を出発点にしているからこそ、地政学は国家を運営したり、安全保障を立案したりするうえで、自国の安全性や優位性や確保するために、有効な手がかりになるのです。

地図とともに考える「ビジュアライゼーション」

地理を下敷きにしている地政学では、「ビジュアライゼーション」が重要な概念の１つです。地政学を学んでいくと、宗教問題や人種・民族問題、根深い対立の歴史などの知識が必要になることもあります。もちろん、そうした知識は世界情勢を理解するうえで大いに役立ちますが、**もっとも重要なのはあくまで地図であり、地政学では、すべての内容は地図とともに説明できると**考えているのです。できる限り「概念・簡易的な地図をビジュアル的に見せる」ことは本書のテーマの１つになっています。

戦い方ではなく、大きな視点で「大戦略」を立案

また、地政学においては、「大戦略」も重要な概念です。戦略論の大家であるコリン・グレイ教授（監修者の恩師）によると、戦争における国の戦略として、上位の概念から①世界観、②政策、③大戦略、④軍事戦略、⑤作戦、⑥戦術、⑦技術という階層があるとされています。地政学は、④軍事戦略の理論とされることがありますが、本来は、③大戦略のための理論です。具体的にいえば、④〜⑥の実際の「戦い方」ではな

く、部隊の配置や補給ルート、資源の配分方法という③大戦略を考えるための視点なのです。

つまり、“局地的な範囲ではなく、地図上の国を見る”のが、本来の地政学的な視点といえるでしょう。

地政学で「三大戦略地域」の推移を見通す

地政学的な視点という意味では、P8 のプロローグや、アメリカにおける地政学の P63 でも取り上げていますが、「三大戦略地域」も重要でしょう。

世界の覇権国であるアメリカが深くコミットしているのは、ロシアにイラン、中国という対立国がある、西ヨーロッパ、中東、東アジアの３つの地域になります。現在では、国際的なインパクトのある衝突や大きな事件は、この「三大戦略地域」で発生しており、今後、発生する可能性が高いのも、このエリアなのです。ですから、地政学的な視点で国際社会を考えるうえでは、「三大戦略地域」の推移や変化を見通すことが欠かせないのです。

Chapter
2
Japanese Geopolitics

関係国とのリアルな情勢を知る

日本の地政学

ニュースや新聞などでたびたび見かける
日本と、中国や韓国との対立。
その裏に隠された各国の思惑や本音を
地政学的な視点でひも解いていきましょう。

の特徴

地政学的にとらえると、島国であること以外にも
日本には多くの恵まれた環境がありました。

I

歴史

地政学的に見ると、日本は
①ランドパワー → ②シー&ランドパワー → ③シーパワー

~江戸時代後期

①長きにわたり内向きのランドパワー国家

白村江《はくそんこう》の戦いや元寇《げんこう》、朝鮮出兵以外では、諸外国との衝突はほぼなし。

明治~昭和初期

②海洋へ進出し、ランドとシーの両立を目指すも失敗

太平洋の覇権をめぐってアメリカと対立し、中国には満州国をつくるなど、海と陸の両方に進出。

第二次世界大戦後~

③アメリカの傘のもと、大きな力を持つ

敗戦後、アメリカの同盟国として、一時的に世界でもっとも裕福な国になるなど、勢力を拡大。

地政学で考える日本

II 国土

攻めにくい自然環境＆自給できる国土により独立を守る

海流や季節風などの影響で海外から攻めにくく、また、自給可能な面積と人口、生存に適した気候により建国以来、独立を維持。

III 衝突

長らく中国と朝鮮半島のランドパワー勢力と対立。韓国がある現在は例外的な時代

現在の日本の対立国は主に中国と北朝鮮で、米軍基地のある韓国とは、基本的には協力関係にあります。しかし、朝鮮半島は、歴史的に長らく日本と対立してきたランドパワー勢力側であり、現在は例外的な状態です。

解説

地政学的な優位性で独立を守れた島国日本

日本の歴史を地政学で見ると、江戸時代まではほとんどなく、島国でありながら内向きのランドパワーの国でした。明治になると海洋進出を始め、昭和には陸と海の両方に進出しますが失敗し敗戦。現在はアメリカのシーパワー勢力の一員です。

　地理的な特徴は、海流や季節風に守られた島国で、かつ、自給可能

江戸時代より前、海外との衝突はたった３回

江戸時代より前の日本と外国の公式な衝突は、建国以降2500年以上ともいわれる歴史のなかで、飛鳥時代の「白村江の戦い」と鎌倉時代の「元寇」、安土桃山時代の豊臣秀吉による「朝鮮出兵」というたったの３回のみ。

海外→日本

① **663年**
白村江の戦い

② **1274年～**
元寇（文永の役・弘安の役）

日本→海外

③ **1592年～**
朝鮮出兵（文禄の役・慶長の役）

ランドパワーだった日本が海外へ向かった理由

明治期に産業の工業化により、農村で人が余り、都市に移動した人のために新しい土地が必要になりました。また、欧米諸国から国土を守る意識も理由の１つ。さらに、“アジアの盟主になる”という名誉も海外進出の理由でした。

理由１
欧米諸国から国土を守る
理由２
産業の工業化
理由３
アジアの盟主になる名誉
世界に進出するぞ！

な面積があること。海外から攻めづらく、また、貿易をしなくても国力を維持できたことは、**日本が独立を守れた大きな理由**の1つです。

また、日本はヨーロッパから遠かったため侵略されにくく、産業が発達する時間がありました。その間に軍事力をつけられたため、かつての中国のように植民地にならなかったのです。

国内の流通に関しては、陸上ルートの発達が遅く、**古くから流通の基本は海運だった**ことも日本の特徴です。

島国でも、長きにわたり独立を維持できる国はほとんどない！

「島国なら独立を保つのは難しくないのではないか」と思うかもしれませんが、数千年にわたり外国からの侵略がなく、独立を維持できた島国はほとんどありません。あまり知られていませんが、イギリスもかつて他民族に征服された歴史があります。

イギリス

1066年に「ノルマン・コンクエスト」という戦いでノルマン人に征服された。

フィリピン

300年以上スペインの植民地であり、その後もアメリカ、日本の支配下に。

国内の物流は海運が発達一方、陸上交通の発達は遅い

ランドパワーの時代も、五街道はありましたが、西廻り海運などが発達し、物流は海運が中心。一方、高速道路も含め交通網が完成したのは20世紀に入ってからであり、海路に比べ、陸路の発達は相当に遅かったのです。

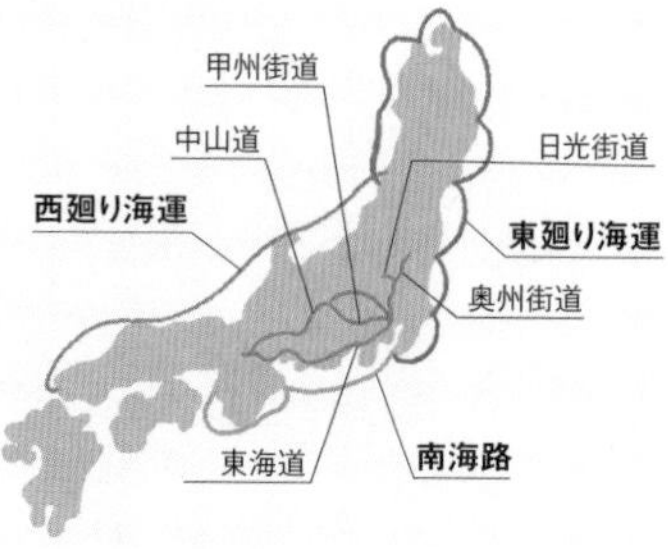

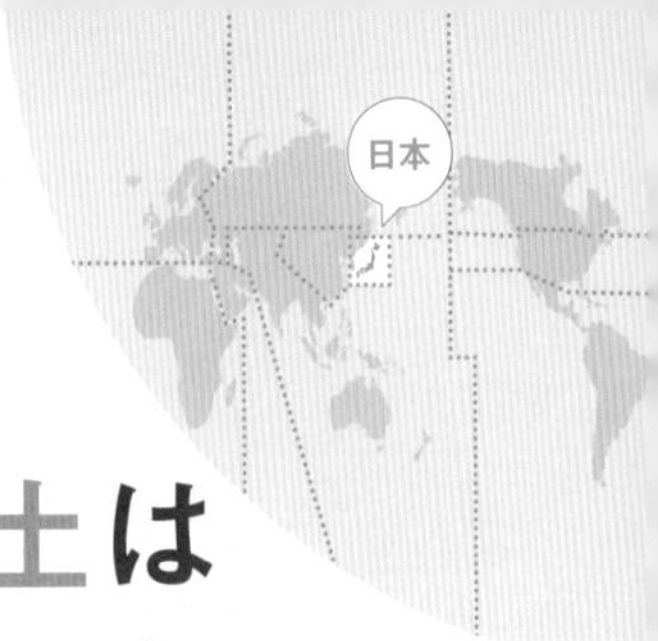

01 Question

結局のところ
なんで北方領土はロシアから返還されない？

ロシアは北方領土で海の向こうの大国をけん制

返還されない理由1

海を挟んでアメリカ本土に面した北方領土。ロシアがアメリカ、そして中国をもけん制する重要拠点です。

返還されない理由2
ロシアにとって北方領土は盾！「北極海ルート」を守る

2000年頃に航行可能となったロシアの北の海を通る「北極海ルート」を守ります。

返還されない理由3
ロシアには大事なお宝だけど、日本の重要度は低い

ロシアにとっては重要ですが、日本にとっては地政学的メリットはほとんどありません。

01

Answer

大きく3つ理由があるが

「北極海ルート」の影響で返還はますます困難に

解説

新物流ルートが返還をほぼ不可に

日本とロシアの衝突が続く北方領土。国際法的には日本の領土ですが、なかなか返還されないのは、3つの理由があります。1つ目は、ロシアにとって、対アメリカの防衛のため。北方領土からアメリカ本土までは約9000㎞ありますが、

江戸時代から日本人が住む日本固有の領土

北方領土は、第二次世界大戦で日本が降伏したあとにロシアが占拠した土地で、歴史的には日本の領土です。

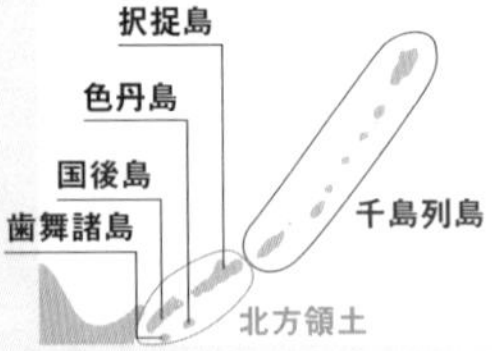

1855年 日露通好条約により、択捉島は日本領、その北はロシア領と設定

1875年 樺太千島交換条約により、日本が千島列島を譲り受け、樺太全島を放棄

1905年 ポーツマス条約により、日露戦争後、日本は樺太の南部を譲り受ける

1951年 サンフランシスコ平和条約により、日本は樺太と千島列島を放棄し、北方四島は保持。ただし、旧ソ連は条約に未署名

太平洋の対岸の国への対策としては重要な場所

もし、日本に北方領土が返還されると米軍基地の建設が可能になり、それはロシアにとって絶対に避けたい状況です。また、現在のように露軍がオホーツク海に潜水艦を配置するのも難しくなる可能性があります。

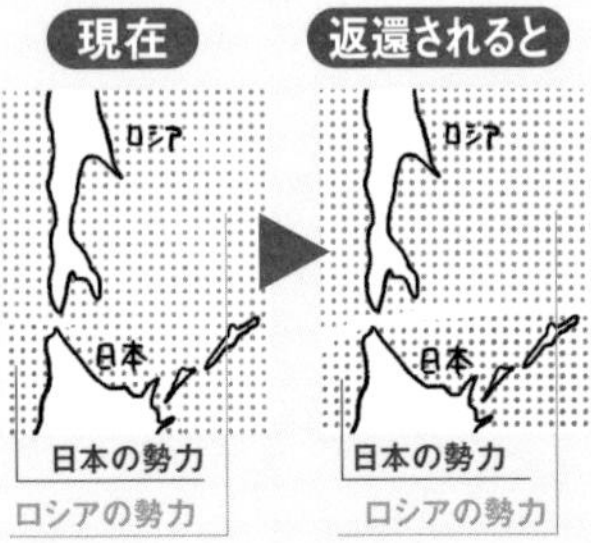

太平洋の対岸の国への対策としては重要な場所にあるのです。

2つ目は2000年頃に開発された**「北極海ルート」**の存在。これまで通行不可だったロシアの北側を通る新ルートは、貿易の新しい道になる可能性がありましたが、2022年のウクライナ軍事侵攻により頓挫。しかし、これを他国から守るには、地理的に北方領土が盾になるのです。

3つ目としては、**日本とロシアにおける北方領土の重要度のちがい**があります。

「北極海ルート」は地政学の常識を打ち破る大革命

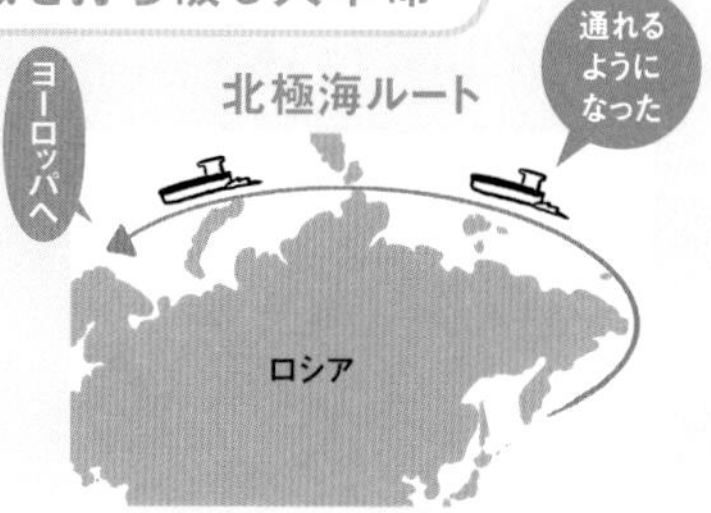

長い間、航行不可な北極海は地政学の概念上、存在しない場所でした。しかし、「北極海ルート」の登場で、地政学の常識が変わったのです（P84）。

返還後も、日本のメリットはほぼない

ロシアには重要な北方領土ですが、万が一返還されても、日本に国家としてのメリットはほとんどありません。重要度の不均衡があるため、返還交渉がなかなか進まないのです。

	日本	ロシア
返還前	・国民感情としてロシアと対立	・北極海ルートの支配 ・アメリカの動向の監視 ・アメリカの勢力を遠ざけられる
返還後	・かつての住民が移住できる ・国民感情が好転する ・周辺海から海産物が取れる	・北極海ルートの防衛が難しくなる ・アメリカの勢力が国土の真近に迫る

02 Question

アメリカにとって沖縄米軍基地は“完璧な拠点”って本当!?

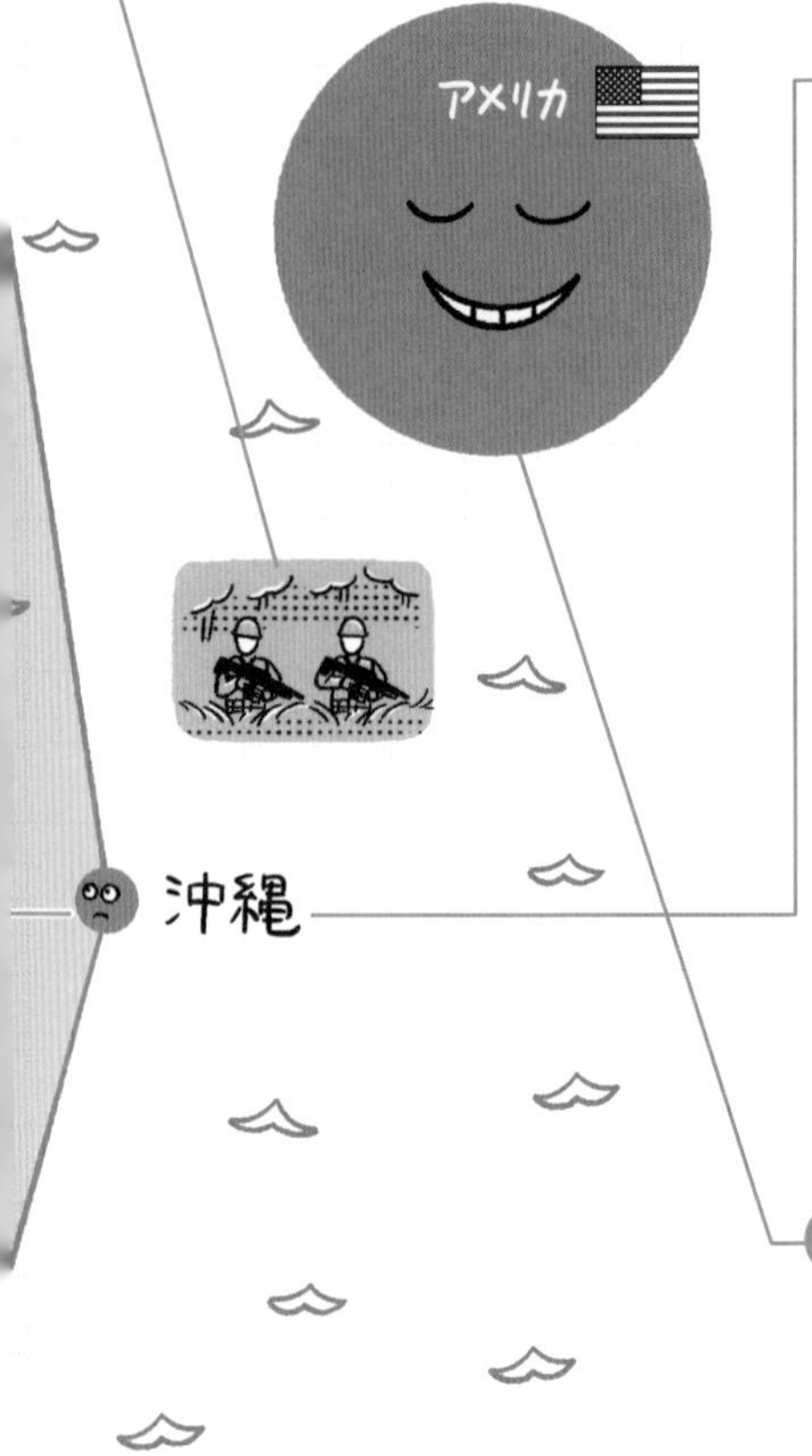

完璧な理由1 位置

拠点として超重要! 世界ににらみを利かせられる

沖縄は、米国と日本のシーパワーと、ランドパワーの接点にあり、ユーラシア大陸の東端からにらみを利かせられる。現在は、中国の海洋進出をおさえるという大きな役割がある。

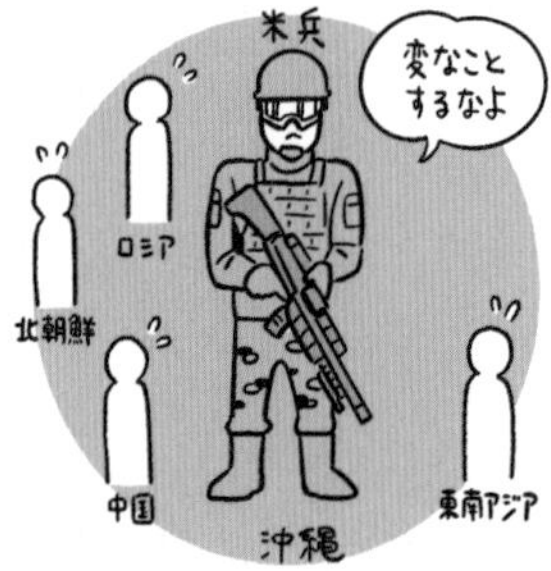

完璧な理由2 アメリカ人の感情

アメリカ人にとって、侵略ではなく勝利して手に入れた領土

沖縄はアメリカ人自身も被害を受けながら勝ち得たという意識があり、他国の領土という心理的な負荷が低い。

完璧な理由 3 基地設備

最新鋭の兵器が配備され、ジャングル戦の訓練用施設も

名護にはジャングル戦の訓練設備、嘉手納には世界でも最新鋭の戦闘機が配備されるなど、基地の設備・配備的にも世界最高レベル。

在日米軍基地の約 7 割がここに!

沖縄米軍基地

沖縄本島の約 15% もの面積を占める。飛行場や港湾施設、貯油施設、弾薬庫、訓練場など、30 以上の施設がある。

〈代表的な施設〉

・那覇港湾施設（那覇市）
・嘉手納基地（中頭郡）
・普天間飛行場（宜野湾市）

①位置	★★★★★
②アメリカ人の感情	★★★★☆
③基地設備	★★★★★
④社会資本・安定性	★★★★★

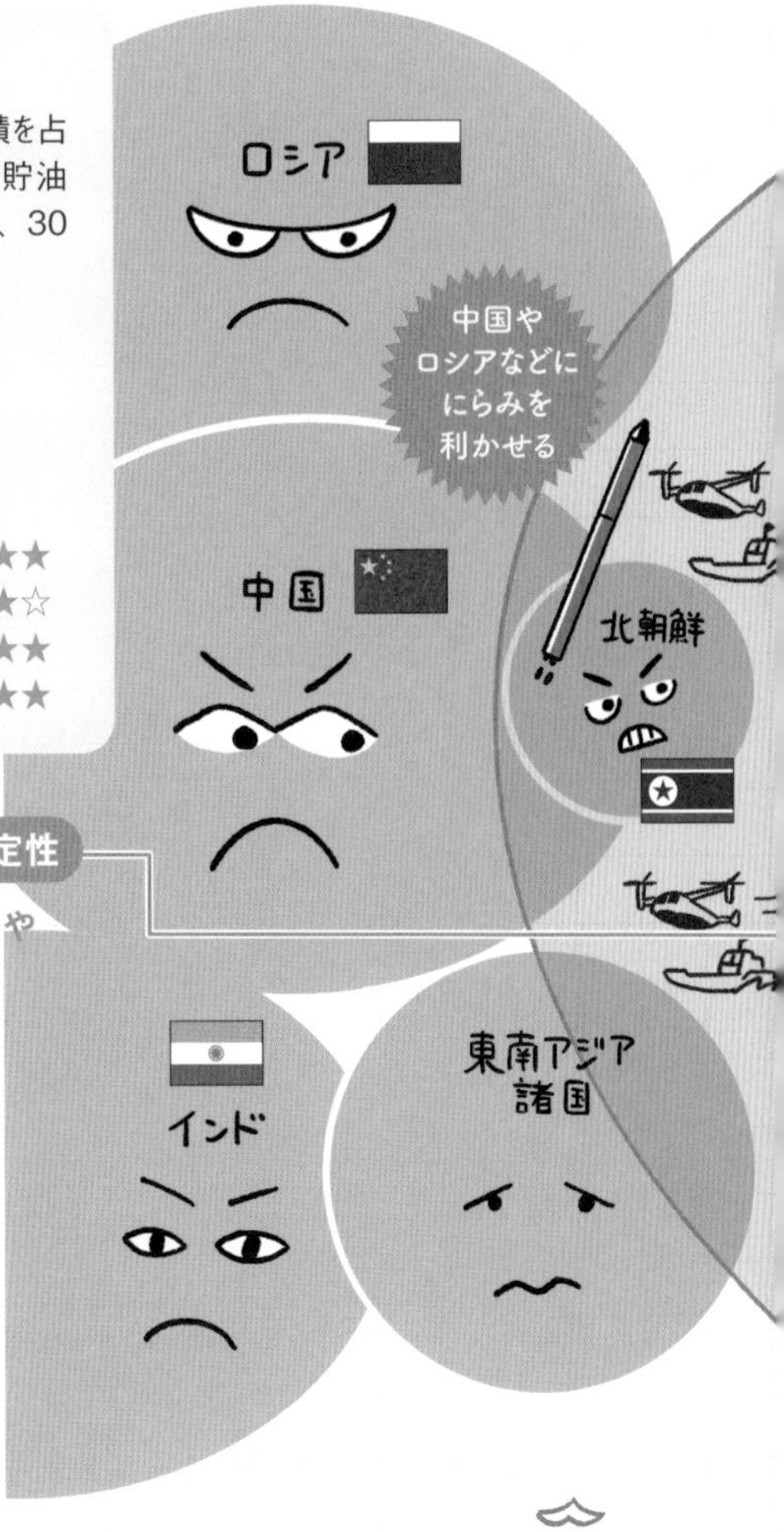

完璧な理由 4 社会資本・安定性

世界でも随一のインフラ設備や政情の安定性

諸外国に比べ、道路や港湾などの社会資本のインフラが整い、政情も安定しているので、着実な運用ができる。

02

Answer

特に「位置」は世界2位の超要所とか!?

沖縄米軍基地は、拠点に必要な要素を〝完璧〟に備える

解説

米軍にとってメリットだらけの沖縄基地

沖縄米軍基地の地政学的に〝完璧〟な点として、まずは何といってもその「位置」。沖縄は覇権争いをしている中国の海洋進出をおさえるためのベストポジション。同時に、ユーラシア大陸の東端に近い場所にあります。

ランドマークににらみを利かせる拠点！
現在は特に中国と北朝鮮を見張る

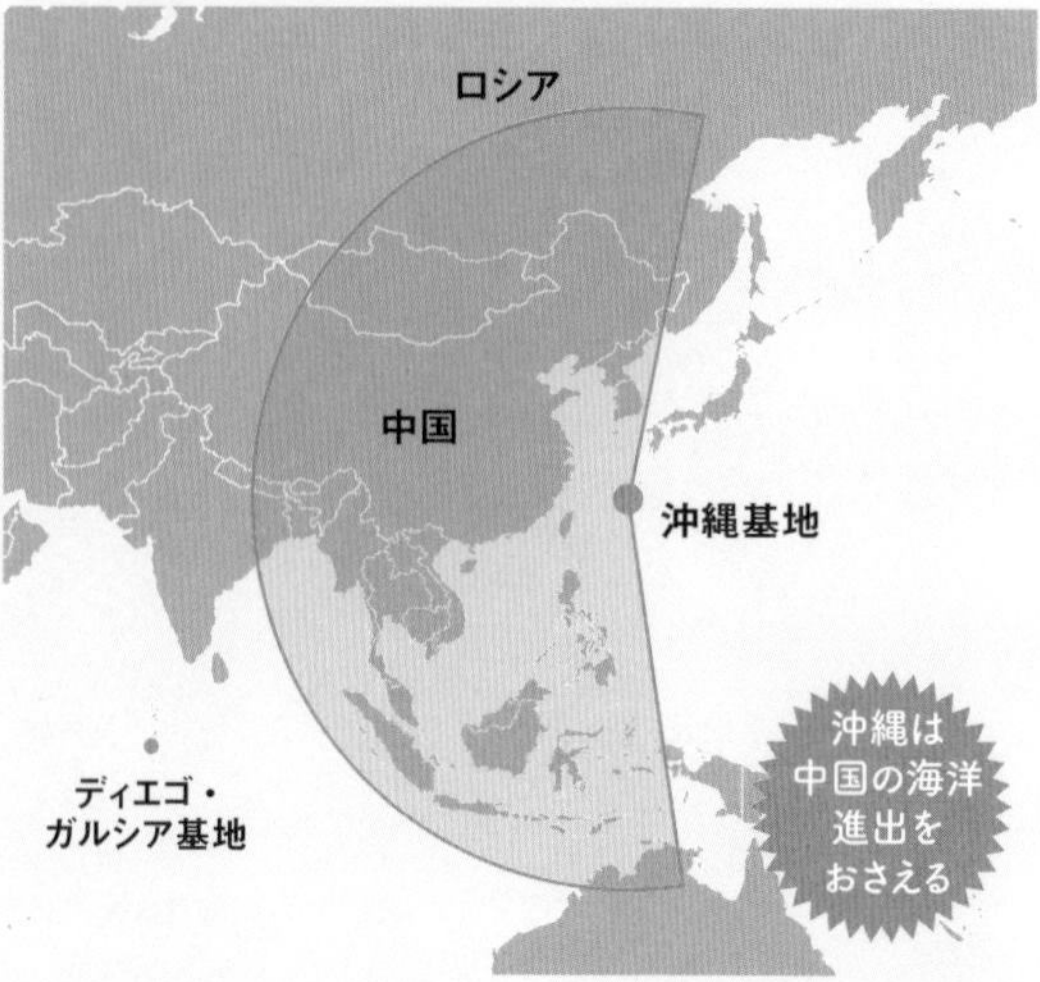

世界の衝突が起こりやすい３大エリアは「アジア」「中東」「ヨーロッパ」。沖縄は、そのなかのアジアエリアに、にらみを利かせやすいベストな場所に位置しています。とくに、覇権争いをしている中国が海洋進出することをおさえる効果が大きく、中国から見れば、沖縄の米軍基地は大変邪魔な存在です。
沖縄基地をはじめとする基地のネットワークを連携させることで、米国は世界の海と空からユーラシアの安定を維持しようとしています。

つまり、**世界ににらみを利かせやすい位置**なのです。インド洋のディエゴ・ガルシア米軍基地などと連携することで、さらにその効果は発揮されます。

ほかにも拠点として重要な「アメリカ人の感情」や「基地設備」、「社会資本・安定性」の面でも完璧で、**沖縄の基地は理想的**です。

住民と米軍の対立が多少問題になったとしても、アメリカが〝完璧な基地〟を手放すとは考えづらく、当分は基地が移転する可能性は低いでしょう。

かつてフィリピンにあったアメリカ海軍基地と比べると……

1992 年に米軍が撤退した、フィリピンのスービック海軍基地。規模としてはアジア最大の米海軍基地の 1 つでしたが、社会資本や人的資源は沖縄よりも数段劣るレベルだったそう。ちなみにフィリピンに返還後、付近の岩礁を他国に奪われることがあったり、現在は海洋進出をする中国と対立しています。

スービック海軍基地	
①位置	★★★★☆
②アメリカ人の感情	★★★☆☆
③基地設備	★★★★★
④社会資本・安定性	★★☆☆☆

日本にとっての沖縄米軍基地の問題点

沖縄にいる米兵の犯罪などがニュースになることがあり、米軍は沖縄の住民や沖縄県にはよく思われていない部分が少なからずあります。また、米軍施設のなかには、同盟国であるはずの日本の自衛隊でさえ使えないものも多く、自衛隊と米軍は、同志であるにも関わらず、「別の国の軍隊」なのです。

03 Question

日本

“世界の警察”たる米海軍の要!?

米海軍横須賀基地の“世界一の設備”とは?

アメリカ
燃料・食料を補給しまっせ!
寄港
ボロッ
日本
横須賀海軍施設
監視
東南アジア
変なことをするんじゃないぞ!
オーストラリア
船の修理
ピカーン
世界最大級の設備で万全の修理!

世界に点在する米軍の基地

ディエゴ・ガルシア米軍基地（インド洋）

中東を監視する拠点。イギリスから付与された島の全土が米軍基地。

①位置 ★★★★★
②アメリカ人の感情 ★★★★☆
③基地設備 ★★★★☆
④社会資本・安定性 ★★★☆☆

チューレ空軍基地（グリーンランド）

アメリカ空軍最北の基地。北極海やロシア、宇宙を監視する。

①位置 ★★★★☆
②アメリカ人の感情 ★★★★☆
③基地設備 ★★★☆☆
④社会資本・安定性 ★★☆☆☆

ラムシュタイン空軍基地（ドイツ）

欧州最大の空軍基地。在欧米空軍の司令部がおかれる。

①位置 ★★★★☆
②アメリカ人の感情 ★★★☆☆
③基地設備 ★★★★★
④社会資本・安定性 ★★★★★

船の修理設備は世界最大級！

米海軍横須賀基地

①位置 ★★★★☆
②アメリカ人の感情 ★★★☆☆
③基地設備 ★★★★★
④社会資本・安定性 ★★★★★

アメリカ国外唯一の空母の母港であり、ほかにも数多くの軍艦が寄港する。世界最大級の船の修理設備（ドライドック）があり、米海軍が世界に展開するうえで欠かせない施設になっている。

03

Answer

納期は守るし、修理技術は本国以上！

空母も修理できる巨大ドライドックは世界に展開する米海軍に必須

解説

長距離の航行に必須の拠点として重要度が高い

米海軍横須賀基地には、船の修理・メンテナンスを行うドライドックという施設があります。この施設は世界最大級の規模で、大型の軍艦や空母の修理も対応可能です。また、技術力はアメリカ本国よりも高いとい

横須賀基地は、船舶のメンテナンスに欠かせないドライドックが6つも!

ドライドックでは、船を陸上施設に持ち上げ、船底や舵など航行中は水中にある設備の検査・修理を行います。米海軍横須賀基地にあるドライドックのなかでも6号ドックは世界最大規模で、空母や大型軍艦の修理も可能です。

ドライドックの役割

塗装	フジツボなどの付着を防ぐ塗料を外板に塗る
船底検査	船底や舵、プロペラの状態を検査・修理をする
開放検査	主機関やボイラー、発電機などの検査・修理をする

6号ドックのデータ

竣工	**1940年**	**全長**	**337m**
幅	**61.5m**	**深さ**	**18m**

6号ドックでは、太平洋戦争時に、大日本帝国海軍最大の信濃という空母が製造された

われています。横須賀以外で米海軍の大型ドライドックがあるのはハワイやアメリカ本土などで、修理に往復するとなると、有事に迅速な対応が難しくなります。ですから、この横須賀の拠点は、米海軍が世界中の海にスムーズに展開する要《かなめ》ともいえるのです。

米海軍横須賀基地の軍事的な役割は、**主に太平洋やオセアニアの監視です**。**日本や韓国と情報交換しながら**、東南アジア、海洋進出をねらう中国などの動向を見張っています。

ドライドック以外に、“港”としても優れた米海軍横須賀基地

中国・朝鮮半島に対応する沖縄に対し、米海軍横須賀基地は太平洋や東南アジアへの対応が主な役割。近年、中国が東南アジアに進出しており、重要性が高まっています。また、横須賀は、近海が港に適した大陸棚であり、自然環境の面から見ても、港として高いクオリティがあります。

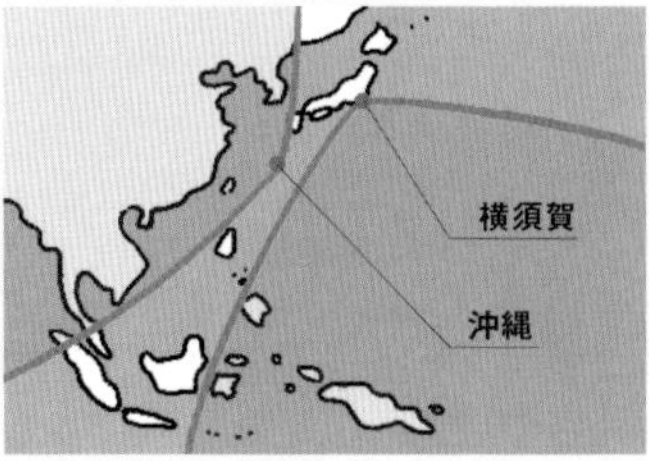

中国や北朝鮮を監視する日本と韓国間のGSOMIA

GSOMIAは機密情報の共有に関する協定。有事に自衛隊と韓国軍は、米軍と作戦を遂行しますが、日韓協定のGSOMIAがないとスムーズに情報伝達ができません。2019年に韓国は協定の破棄を決めましたが、アメリカの反対で破棄が凍結された状態でした。しかし、2023年の岸田総理と尹錫悦大統領の会談で協定が正常化されました。

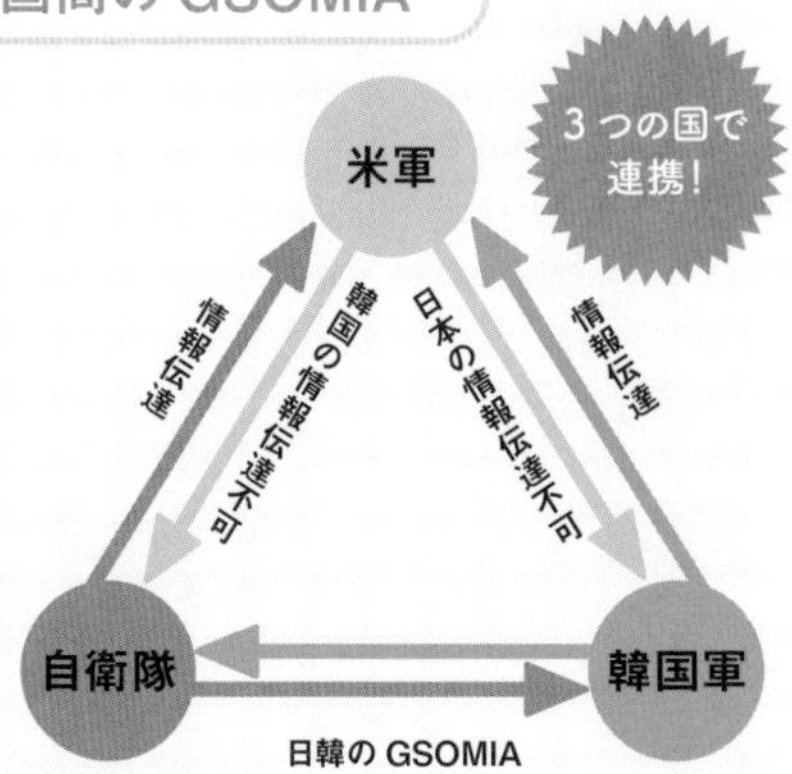

04 Question

対馬列島、尖閣諸島……
衝突の根底にある“近海の争い”って何?

日本

封じ込めたい
アメリカ
近海の争い
勃発
日本
アメリカの思惑
協力してやるから
進出をおさえよう
ではないか
日本の思惑
民主的
じゃないやつは
海に出てくるな!

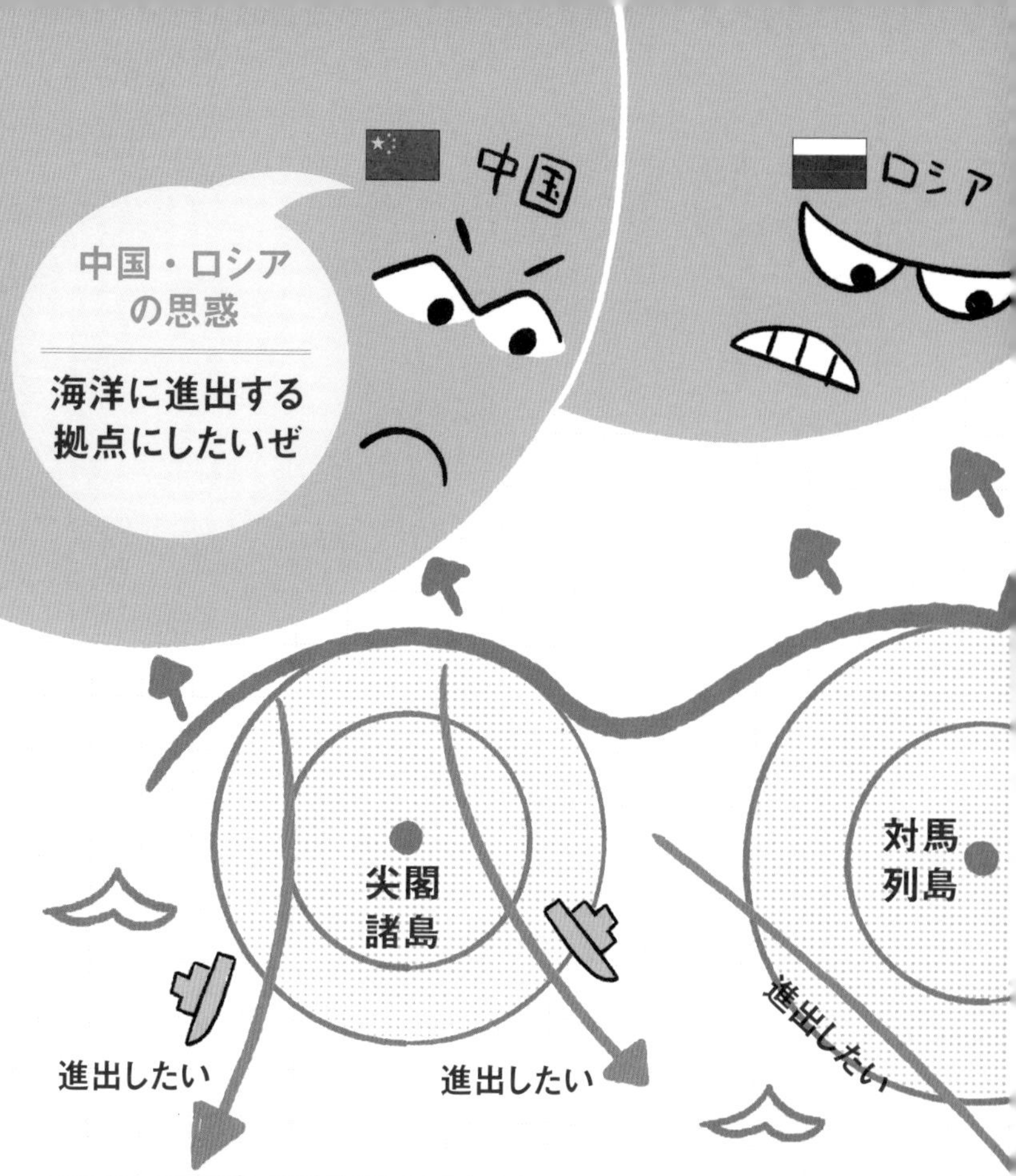

歴史上、世界の覇権国のはじまりは常に近くの海を制覇してから

アメリカ

本土の南側にあるメキシコ湾～カリブ海をアメリカの支配下に収めて近海を制覇したあとに、大西洋に進出（P62）。

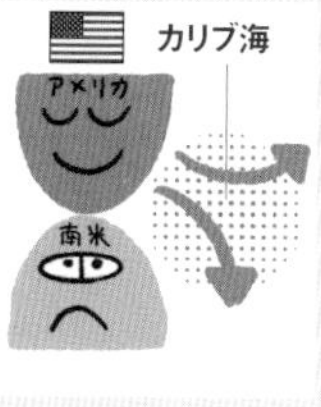

イギリス

イギリスとユーラシア大陸間のドーバー海峡、次にマルタ島を拠点に地中海を支配下に入れて近海を制覇し、世界の海へ進出。

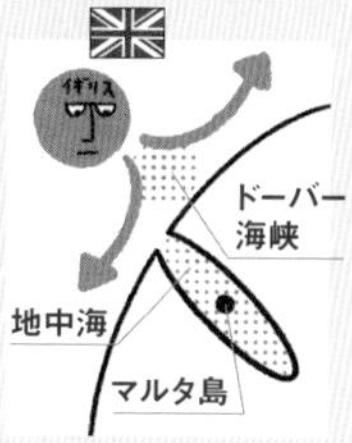

04

Answer

海洋進出を目指し

近海を制覇したい中国側の勢力と封じ込めたいアメリカ側の勢力の衝突

解説

単純な領土争いではない対馬や尖閣の対立

詳しくはP106で紹介しますが、経済発展を果たした中国は、世界の大国になろうとしています。地政学的に、大国になる国が最初に行うのが、近海の制覇です。というのも、世界の覇権国は、常に〝近海の争い〟

大陸からの勢力の防波堤になる対馬列島・尖閣諸島

日本海から東シナ海に点在する対馬列島や尖閣諸島。日本政府は、歴史的にも、国際法上も、明確に日本の領土だとしていますが、対馬列島は主に韓国、尖閣諸島は主に中国や台湾が領有を主張しています。韓国に近い対馬列島には、自衛隊の基地もありますが、韓国人による土地の買収が起こっています。

対馬列島
長崎県に属し、韓国と日本の中間に位置する。対馬島の人口は約2万7,000人。

尖閣諸島
沖縄県に属し、石垣島の北西170kmの位置。全部で8島からなる。

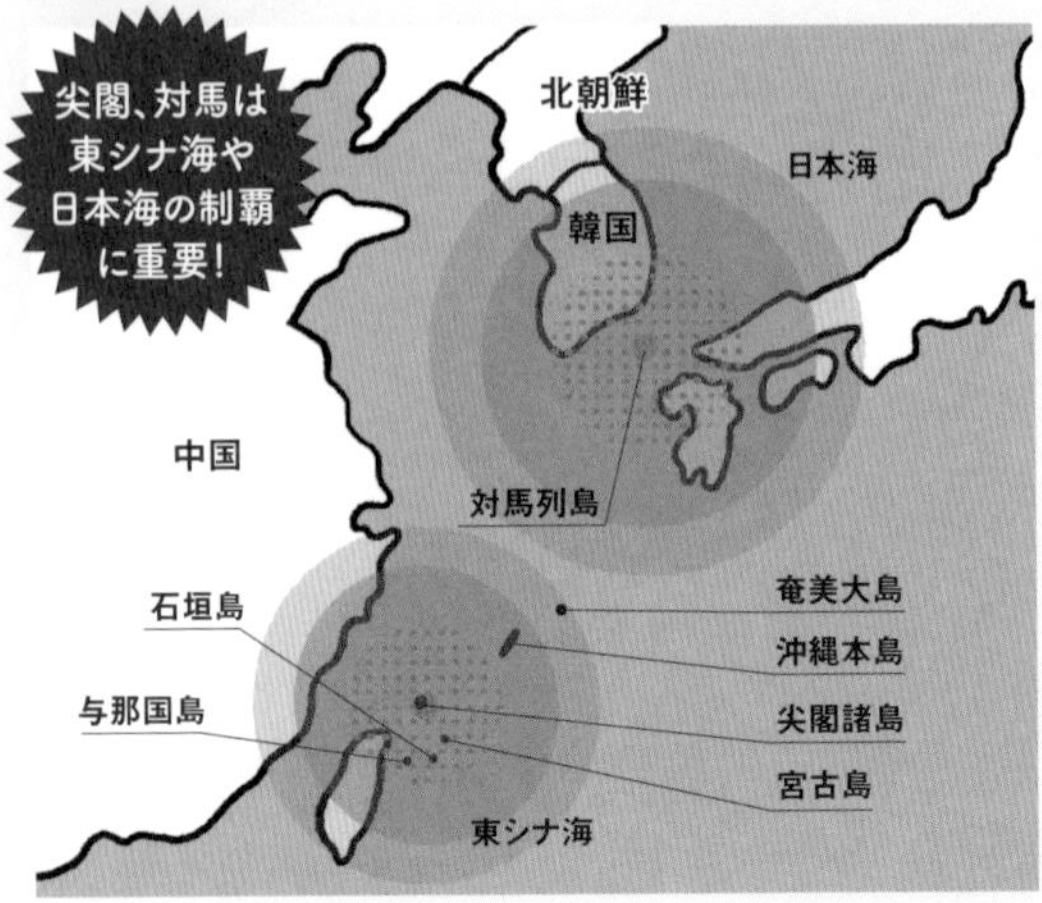

を制覇したのちに世界の海に展開しています。つまり、**対馬や尖閣をめぐる争い**は、拠点を得て日本海や東シナ海を制覇したいランドパワーの中国と、阻止したい日本・アメリカのシーパワー勢力の争いの一環なのです。2022年には米国の下院議長、**ナンシー・ペロシが台湾を訪れ**、中国が反発しました。

あまり知られていませんが、中国側の目的は近海の拠点を手に入れることですから、**対馬・尖閣以外の島でも、近海の争い**ははじまっています。

米国で“事実上のナンバー3（当時）”である政治家の台湾訪問

過去25年で台湾を訪れた政治家としては最高位であるナンシー・ペロシ。現地では立法府への訪問や、総統との会談を行い、台湾の揺るぎない支持を表明。これに対し、中国は、“一つの中国”の原則に反し、中国の主権を害する「公然たる政治的挑発」と主張し、猛反発したのです。

周辺にあるほかの島も危ない!?石垣島や宮古島の現状

対馬列島や尖閣諸島以外でも、東シナ海周辺にある島は、ランドパワー勢力が拠点としてねらっています。ですから、日本側も防衛のため、2016年には与那国島に、2019年には宮古島に自衛隊の駐屯地を開設しました。さらに、2023年3月に陸上自衛隊石垣駐屯地が完成。

与那国島
沖縄県に属し、台湾の東、約110kmにあり、日本の最西端。人口は約1700人。

宮古島
沖縄県に属し、沖縄本島の南西300kmに位置する。人口は約5.5万人。

石垣島
宮古島からさらに南西へ130kmに位置する。人口は4.9万人程度。

05 Question

抑止力はわかるけど……
それ以外、米軍って日本にどんな意味がある？

世界第６位の消費量！日本の産業にとって石油は命綱

現在でも、エネルギーの中心は石油であり、日本の消費量は世界第６位で、約334万バレル/日。これは、200万バレル級のタンカーで14時間に１度、石油を補給しないと不足してしまうほどの量です。

世界の石油消費量トップ６

1位	アメリカ	18,684
2位	中国	15,442
3位	インド	4,878
4位	サウジアラビア	3,595
5位	ロシア	3,407
6位	日本	3,341

（1,000バレル／日量）

BP Statistical Review of World Energy 2022 - Oil: Consumption

１日に２度程度、大型石油タンカーが来ないと日本は破綻！

日本は原油の約 9 割を中東から輸入

最大の原油輸入先はサウジアラビアで、アラブ首長国連邦、カタールと続き、中東依存が極めて高いのがわかります。ちなみに1% 弱ですが、日本国内でも産出しています。

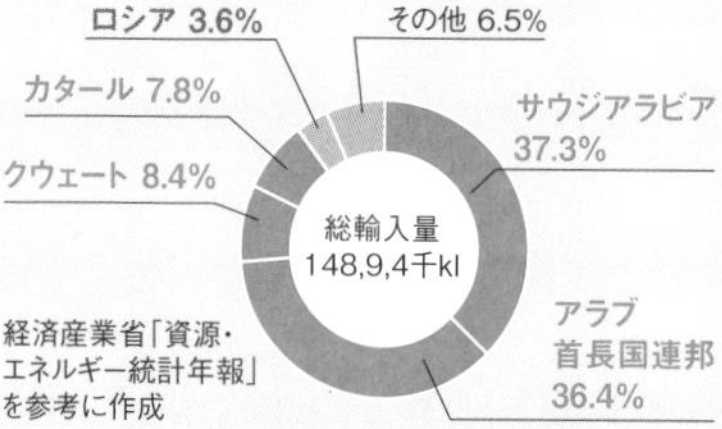

経済産業省「資源・エネルギー統計年報」を参考に作成

このルートを安全に通れないと十分な石油を輸入できない。

05

Answer

普段はまったく意識しないけど

実は日本の石油ルートを守っているのは、ほぼ米海軍の力

解説

日本経済が回るのは米海軍のおかげ!?

米軍の意義として、身近な例でいえば、石油ルートの保護。経済活動に必須の石油を安定的に輸入できるのは、ほぼ米海軍のおかげです。

日本は石油の9割弱を中東から輸入しており、石油タンカーは、ホルムズ海峡、マラッカ海峡を経

インドネシアを回るルートならギリ OK、オーストラリアを回るルートはアウト

日本のメインの石油ルートはマラッカ・シンガポール海峡ルートですが、万が一、マラッカ海峡が封鎖されても、ロンボク・マカッサル海峡ルートというインドネシアを通るルートがあれば、日本経済は持ちこたえられるようです。ただし、このルートも使えなくなった場合、さらに南下し、オーストラリアをぐるりと回るバス海峡・南太平洋ルートというルートを通ることになりますが、このルートでは時間がかかりすぎ、日本経済は破綻するといわれています。

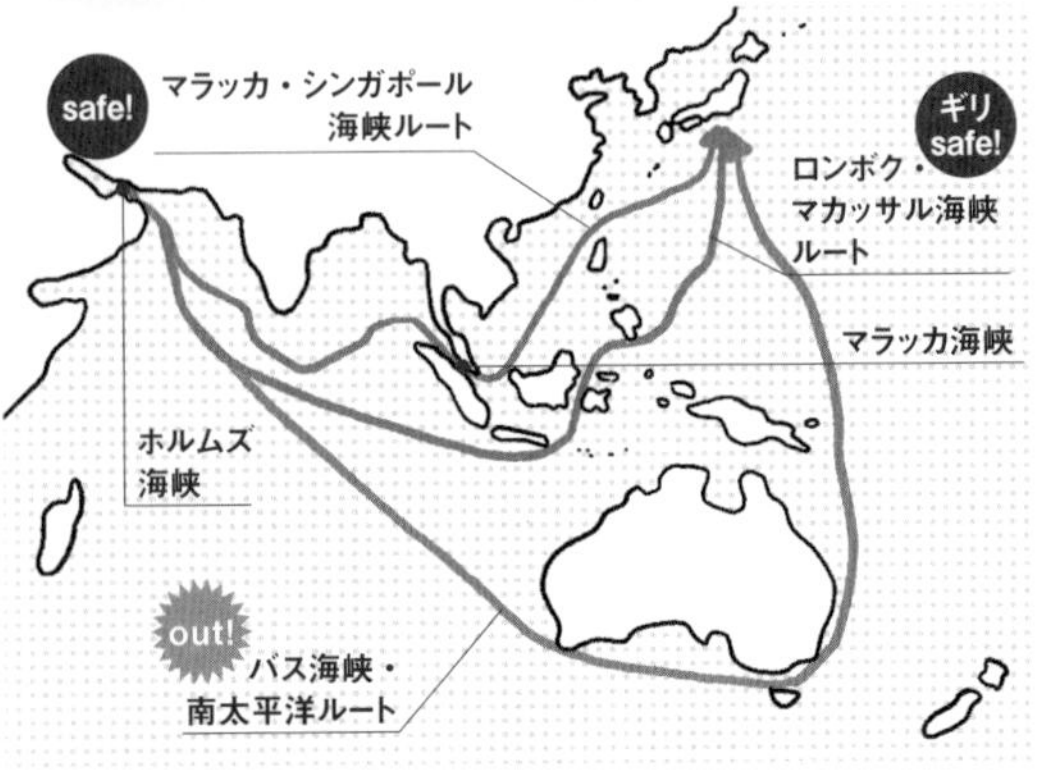

て日本に着きます。ホルムズ海峡には海賊が出没し、南シナ海には、近年になり中国軍が進出するなど、**想像以上に危険**なのです。

そんな状況下で、このルートを守っているのが米海軍です。アメリカは〝世界の警察〟といわれますが、これは海の秩序を守る米海軍のことを示しています。

エネルギー資源の中東依存を脱するため、**ロシアとの間を石油や天然ガスのパイプラインで結ぶ計画もありました**が、実現は未定です。

現在でも危険はたくさん!
2023年、紅海で日本郵政の運航する船が拿捕

2023年11月、イエメンでイスラム主義を掲げる反政府武装勢力のフーシ派が、日本郵船の運航する輸送船を紅海で拿捕する事件が発生しています。ちなみに乗組員はブルガリア人、フィリピン人など25人で日本人はいなかったそうです。

ロシアと日本をつなぐ石油パイプラインの
建造計画もあるが……

世界的に資源の流通として珍しくないパイプライン輸送。ロシアから樺太を通り、日本に入るパイプラインの計画は以前からありましたが、日本とロシアの関係が険悪になるたびに頓挫しており、先行きは不透明です。

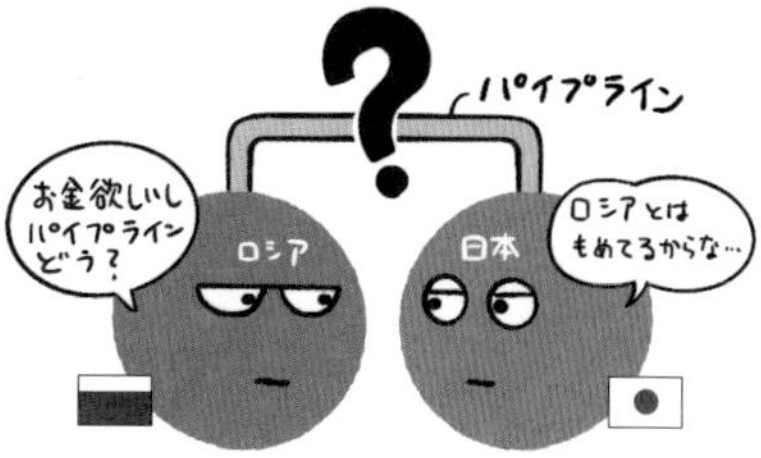

06 Question

今の段階では 北朝鮮のミサイルを恐れる必要はない?

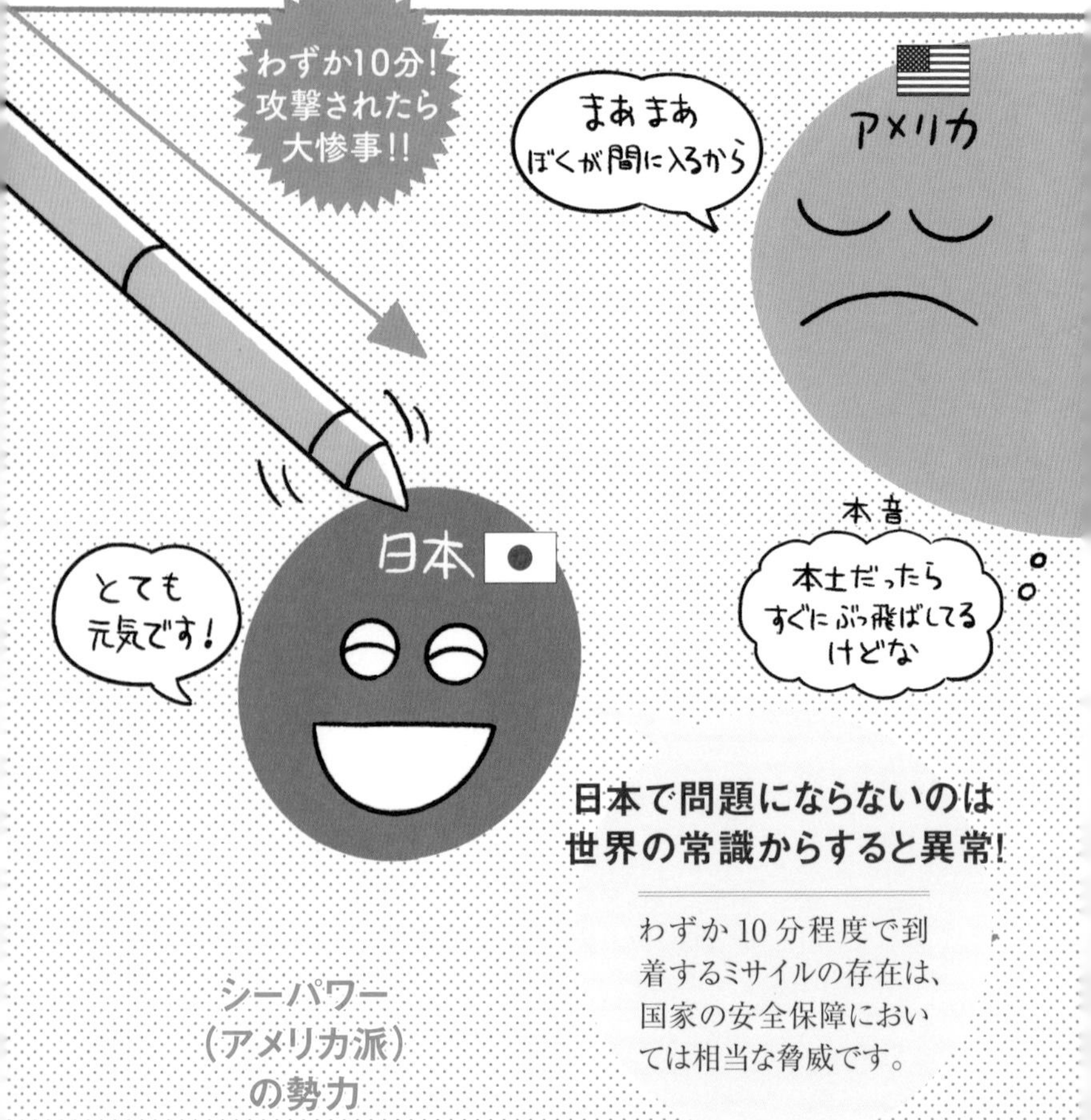

日本で問題にならないのは世界の常識からすると異常!

わずか10分程度で到着するミサイルの存在は、国家の安全保障においては相当な脅威です。

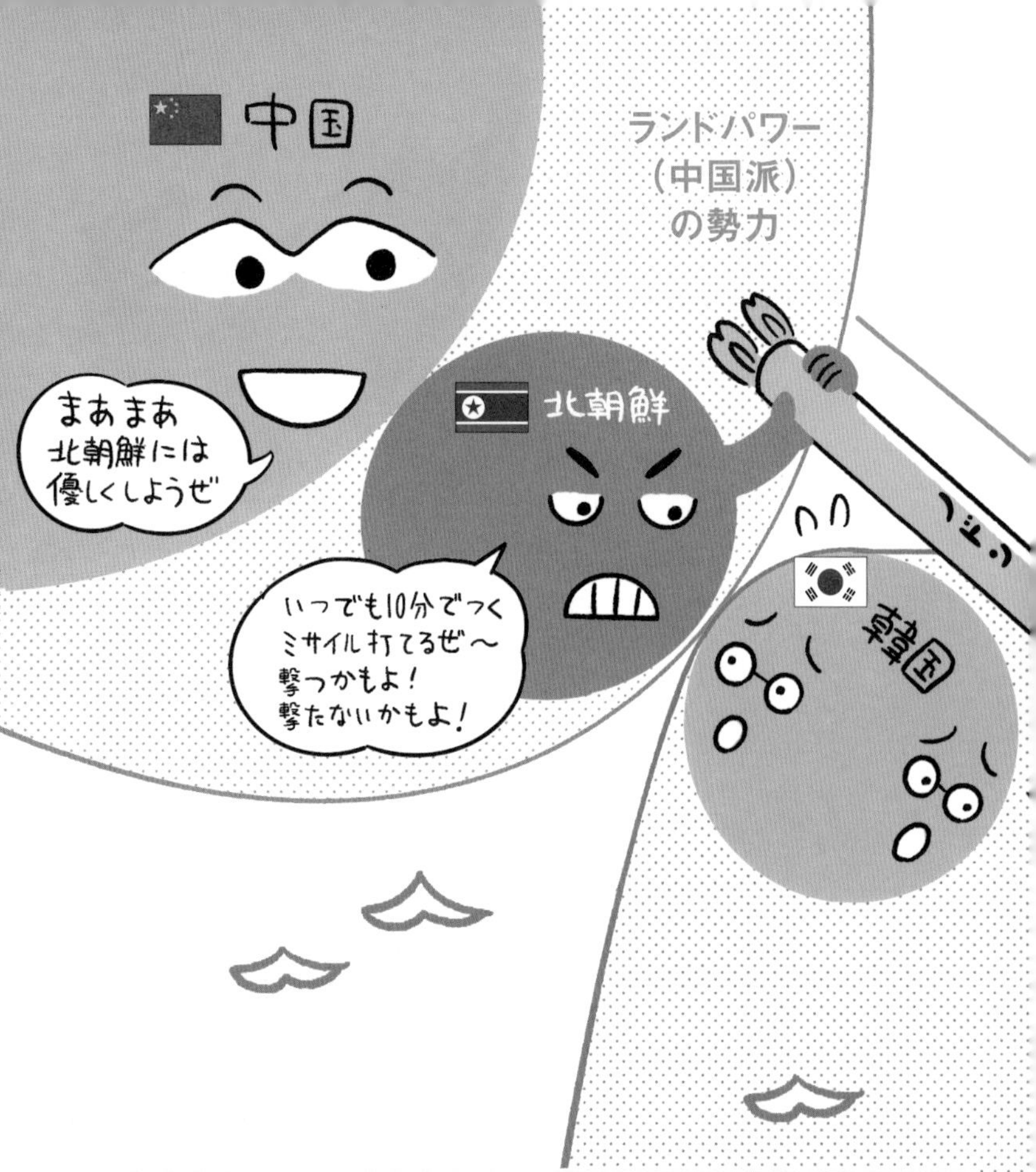

北朝鮮は、アメリカをも射程に入れるミサイルを完成間近？

北朝鮮にとってミサイルは外交上、重要な意味があり、開発が進んでいます。日本をほぼ射程に入れるノドンは、すでに運用されているようで、中国が射程に入るムスダン、アメリカが射程に入る火星 15 は完成したと見られています。2023年には火星 18 の発射訓練を行っています。

北朝鮮のミサイル射程

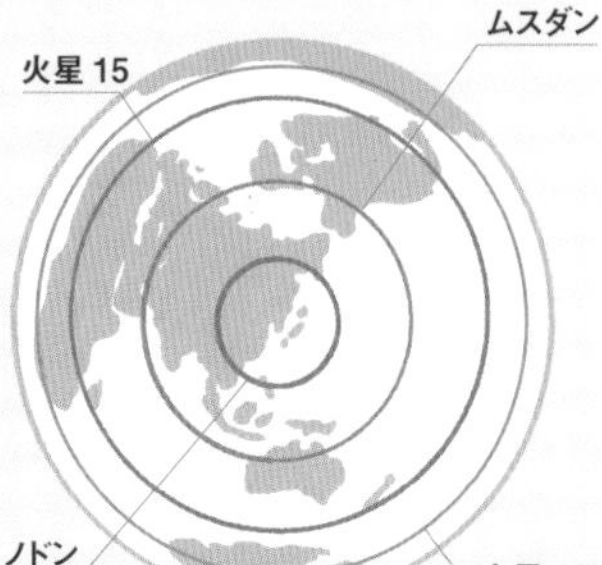

06

Answer

恐怖を感じない日本人は異常。

約10分で着弾するミサイルは脅威。アメリカ本土ならもう空爆してる!?

解説

何を考えている？謎に満ちた北朝鮮の思惑とは

北朝鮮は、約10分で日本に着弾するミサイルを開発しています。日本では騒がれませんが、米軍の中には「アメリカ本土が同じ立場ならもう空爆している」という人もいるほど日本の安全保障上、非常に高いリスクです。

知られていない北朝鮮の内情①
細かく縦割りされた官僚組織

ニュースで見ると、順調とは言い難い統治が行われている北朝鮮。その割に独裁体制が存続している理由の1つは、細かく縦割りされた官僚組織にあるそうです。職分の異なる官僚同士で連携しにくく、大きな政変を起こしにくいのです。

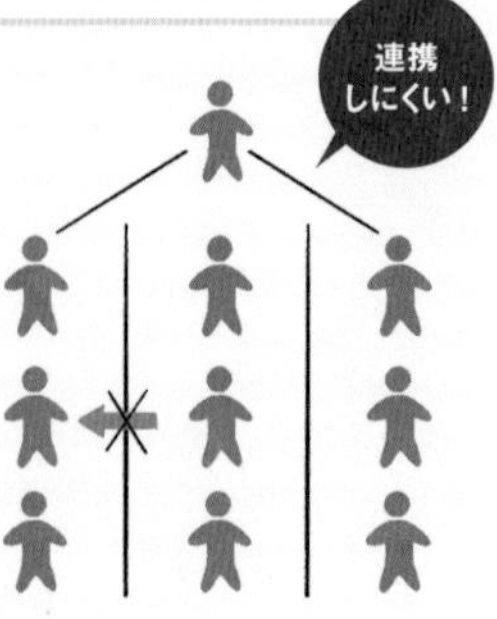

連携しにくい！

知られていない北朝鮮の内情②
「考えていることがわからない」と思わせる戦略!?

「何をするかわからない」という北朝鮮の印象も、戦略の１つのよう。資源の少ない北朝鮮でも、そう思わせれば、要求を通せる可能性があるのです。「市場開放＋一党独裁」のベトナムのような国を目指しているという説もあります。

ベトナムみたいになりたい？
核を使いそうな雰囲気も？
相手を読めないと動きにくい

キム一族の独裁が続く北朝鮮には、反乱を起こしにくい縦割りの官僚組織があるようです。また、国際社会で「よくわからない国」と思わせることも戦略の1つとされています。

地政学的に東アジアの勢力図を見ると、中国・北朝鮮のランドパワーと、アメリカ・日本・韓国のシーパワーが対立する状態。韓国はアメリカと軍事同盟を結んでいますが、中国側に近づく様子を見せたこともあり、アメリカや日本へ地政学的に揺さぶりをかけています。

長い日中韓の歴史のなかで現在の勢力図はかなりレア

P33でも紹介したように、現在の日中韓の勢力図は歴史的に珍しい状態です。基本的に中国と朝鮮半島はランドパワー勢力で、日本のシーパワー勢力と対立していました。現在の状態になったのは第二次世界大戦後、ソ連支援の北部と、アメリカ支援の南部で朝鮮戦争が起こり、北緯38度線を国境線として、休戦したためです。

朝鮮戦争より前

シーパワー勢力とランドパワー勢力の境目は、日本海、現在の対馬列島。

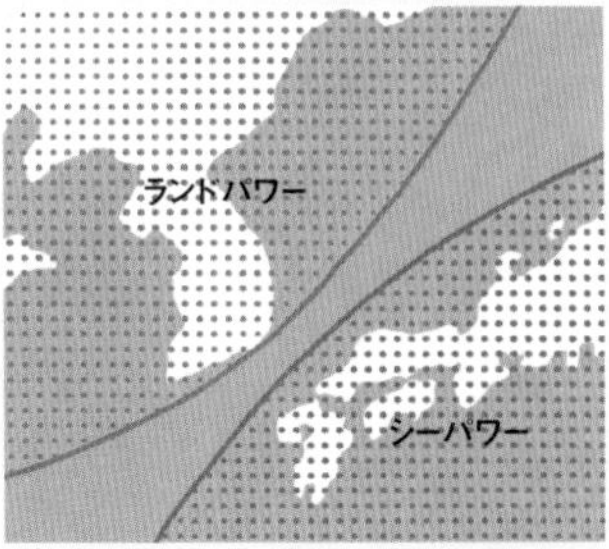

朝鮮戦争以降

基本的には韓国はシーパワー勢力のため、北緯38度線が境目に。

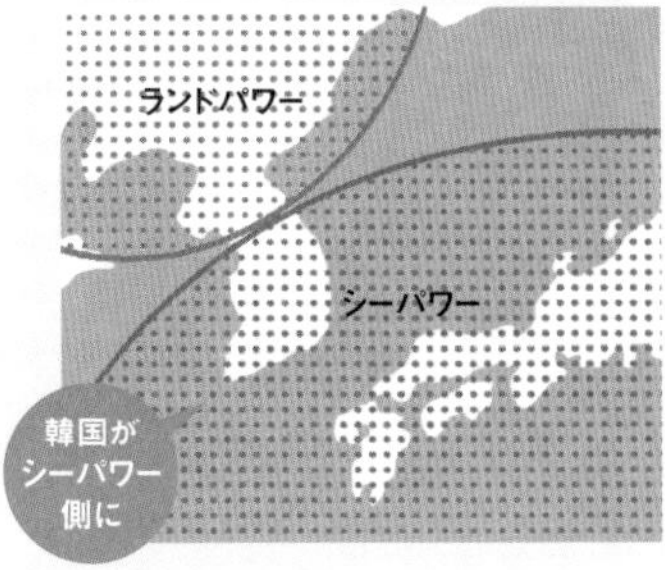

Geopolitics Column

03

地政学戦略に深く関わる！「島国」や「半島」「内陸国」など国土のカタチの特性

ここまで読まれた方はおわかりと思いますが、地政学上、国土の形には非常に重要な意味があり、その国の人種や産業、政治システムなどと同様に国のふるまいに大きく関与します。

例えば、世界に50程度ある島国。島国は、海という天然の要塞に囲まれているため、他国が侵略しようとした場合、非常に攻めづらく、守る島国側が非常に有利です。そのため、陸の国境がある国に比べて防衛費は低くなります。ただし、自国から周辺国に攻め入る際には、海を移動するための手段が必要になるため、経済的な余裕がないと、大規模な軍隊を派遣するのは難しい面もあります。

一方、島国とは反対に周囲がすべて陸の国境で囲まれた内陸国は、侵攻しやすく・されやすいため、「侵攻されないために、こちらから侵攻する」と考え、国土を拡大していく傾向があるのです。

半島にある国は、他国が陸続きの“付け根”から攻めてきた場合、“付け根”以外の周囲を海に囲まれているため逃げ場がなく、どうしても周辺の強国の影響を受けやすくなる傾向があります。現在は北朝鮮や韓国がある朝鮮半島も、はるか昔から今日に至るまで、中国の強い影響を受けています。

Chapter 3

Great power Geopolitics

世界を動かす大国の戦略が見える

アメリカ・ロシア・中国の地政学

現在、世界で大きな影響力を持つアメリカとロシア、そして中国。各国の大国としての特徴や、現在抱えている問題、そして国家の指導者が抱いている将来的な戦略を紹介します。

の特徴

世界の覇権を握ったアメリカの地政学的な優位性と、覇権を保つための戦略に迫ります。

I 歴史

「孤立した大きな島」だからこそ、巨大なシーパワー国家になることができた

国土の多くが海に接し、周囲に拮抗する勢力を持つ国がないアメリカは、地政学的には1つの島。他国から侵略されにくく、戦力を国外に向けやすかったのです。カリブ海と太平洋に進出してシーパワーを得たことで、世界の覇権を握りました。

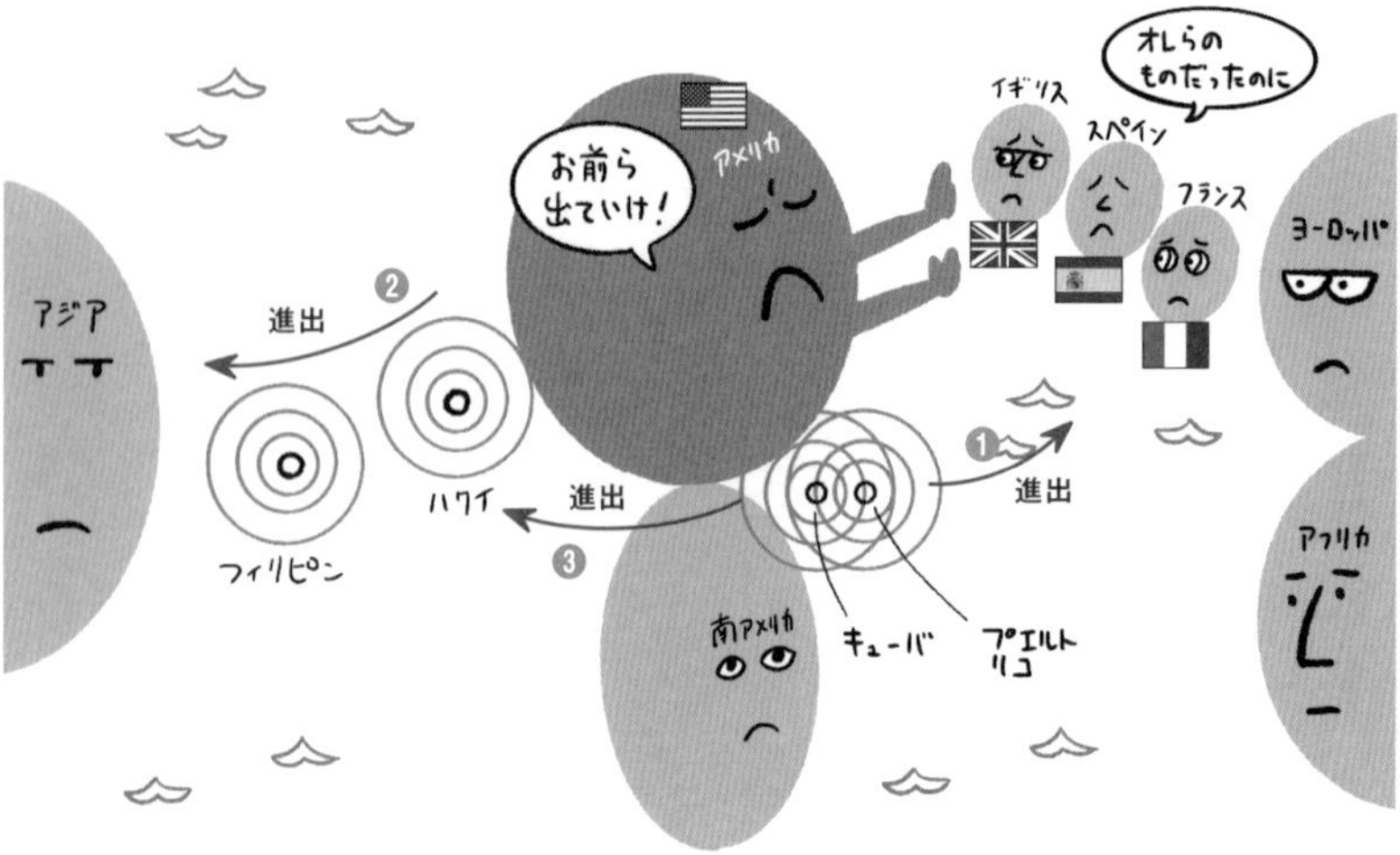

❶近海を制覇し、シーパワーに踏み出す

スペインとの米西戦争に勝利し、プエルトリコやキューバに影響力を持つことで、アメリカの近海であるカリブ海を制覇。

❷太平洋に進出し、シーパワーが急拡大

カリブ海の制覇と同年、ハワイを併合し、米西戦争によってフィリピンやグアムにまで勢力を拡大し、太平洋にも進出。

❸パナマ運河の建設で太平洋と大西洋をつなぐ

コロンビアから独立させたパナマで、永久租借※権などを得て、パナマ運河を建設。太平洋と大西洋の往来がスムーズに。

※租借：外国がその地域を一定期間借りて統治すること

地政学で考えるアメリカ

II 戦略

世界三大戦略地域に関わり、ユーラシア大陸をコントロール

覇権を握るアメリカの現在の基本戦略は、ユーラシア大陸のリムランドにある三大戦略地域のバランスを見ながら、台頭する国が出てきたら、積極的に介入を行うものです。

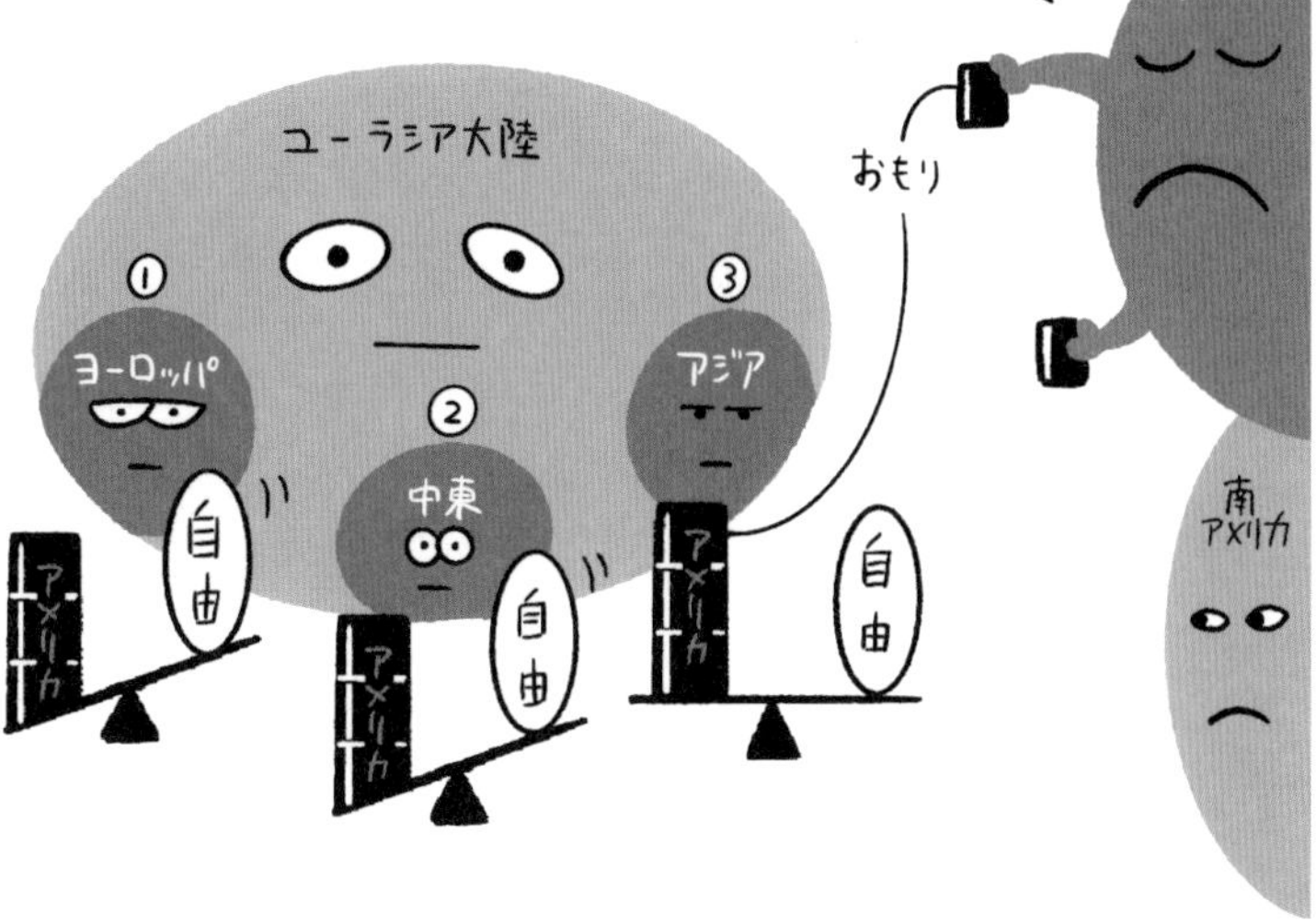

①ヨーロッパ

現在の主な対立国
ロシア

ヨーロッパ諸国とNATO（北大西洋条約機構）という軍事同盟を組み、脅威であるロシアの欧州進出を防ぐ（P74）。

②中東

現在の主な対立国
イラン

一時は重要度が下がっていたが、現在はイランに加え、フーシ派やハマスといった組織の活動もけん制している（P70）。

③アジア

現在の主な対立国
中国

アジアにおける脅威は、急成長を続け、世界に進出している中国。日本や韓国に拠点を置き、監視している（P66）。

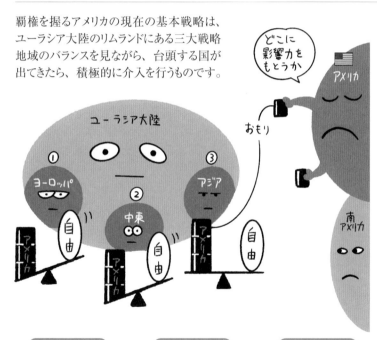

解説

「巨大な島」を築き世界最大の海洋国家へ

アメリカは、建国当初は東部13州だけの小さな国でしたが、西部開拓で領土を拡大。**1890年にはフロンティア（辺境）の消滅を宣言し、「1つの島」となりました。**

その後、スペインとの米西戦争で勝利し、拠点となる場所を得て海洋へ進出。東西を海に囲まれ、ユーラシア大陸からも離れているアメリカは、他国から本土に攻撃を受けるリスクが低く、**周辺に存在を脅かす国も**

アメリカが「1つの島」になるまで

1776年にイギリスから独立した当初は東海岸の13州のみでしたが、その後西部へと進み、辺境フロンティアを開拓し、1848年にはカリフォルニアを獲得。同時に、鉄道が急速に広がり、1869年には最初の大陸横断鉄道が開通。1890年頃にはフロンティアの消滅を宣言し、巨大な島となりました。

侵略される恐れがほぼないアメリカの場所

アメリカと国境線で隣接するカナダとメキシコですが、カナダのGDPはアメリカの約7.8%、メキシコは約6.5%と、アメリカと競える国力はありません。また、アジアやヨーロッパはアメリカと物理的な距離があるため、アメリカの本土へ侵攻するのは難しいのです。

ありません。それゆえ海外進出に戦力を向けやすく、巨大なシーパワー国家になることができました。

アメリカの基本戦略は、ユーラシア大陸の外から世界三大戦略地域であるアジア、中東、ヨーロッパのパワーバランスを制御すること。そのために世界各地の**要所に軍事拠点を置き、存在感を発揮しています。**ただ、トランプ政権成立以降、支出に見合うメリットがあるのかという懸念から、関与を減らすべきとの意見も増えています。

世界各地に軍事拠点を置き“世界警察”役を担う

“世界警察”を自認するアメリカは、各地で有事があった場合はすぐに軍隊を派遣し、介入できるよう世界中に軍事拠点を置いています。アメリカ国防総省の2018米会計年度の「基地構造報告書」によると、海外展開する基地は45カ国、その数は計514にのぼります。

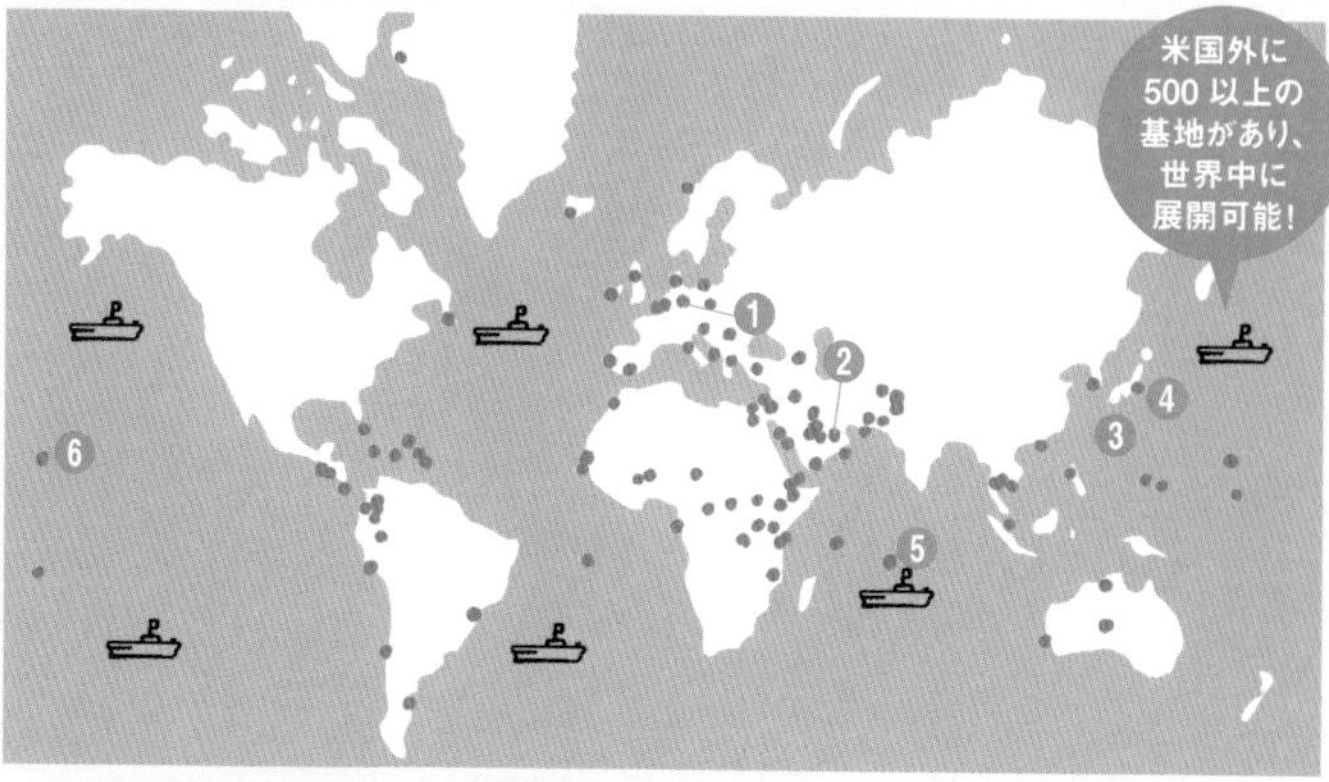
米国外に500以上の基地があり、世界中に展開可能！
1
2
3
4
5
6

特に大規模な軍事拠点

❶ラムシュタイン空軍基地（ドイツ）
❷バーレーン海軍支援施設
❸嘉手納基地（沖縄）
❹米海軍横須賀基地（横須賀）
❺ディエゴ・ガルシア米軍基地（インド洋）
❻パールハーバー・ヒッカム統合基地（ハワイ）

01 Question

三大戦略地域 Ⅰアジア

中国の急成長に対するアメリカの思惑は？

日本・ハワイ（アメリカ）・オーストラリア・インドなどをひし形につなぎ、南シナ海やインド洋の安全保障の強化を図る構想。

一帯一路構想

海と陸の現代版・シルクロードといわれる巨大経済圏構想（P108）で世界の覇権をねらう。

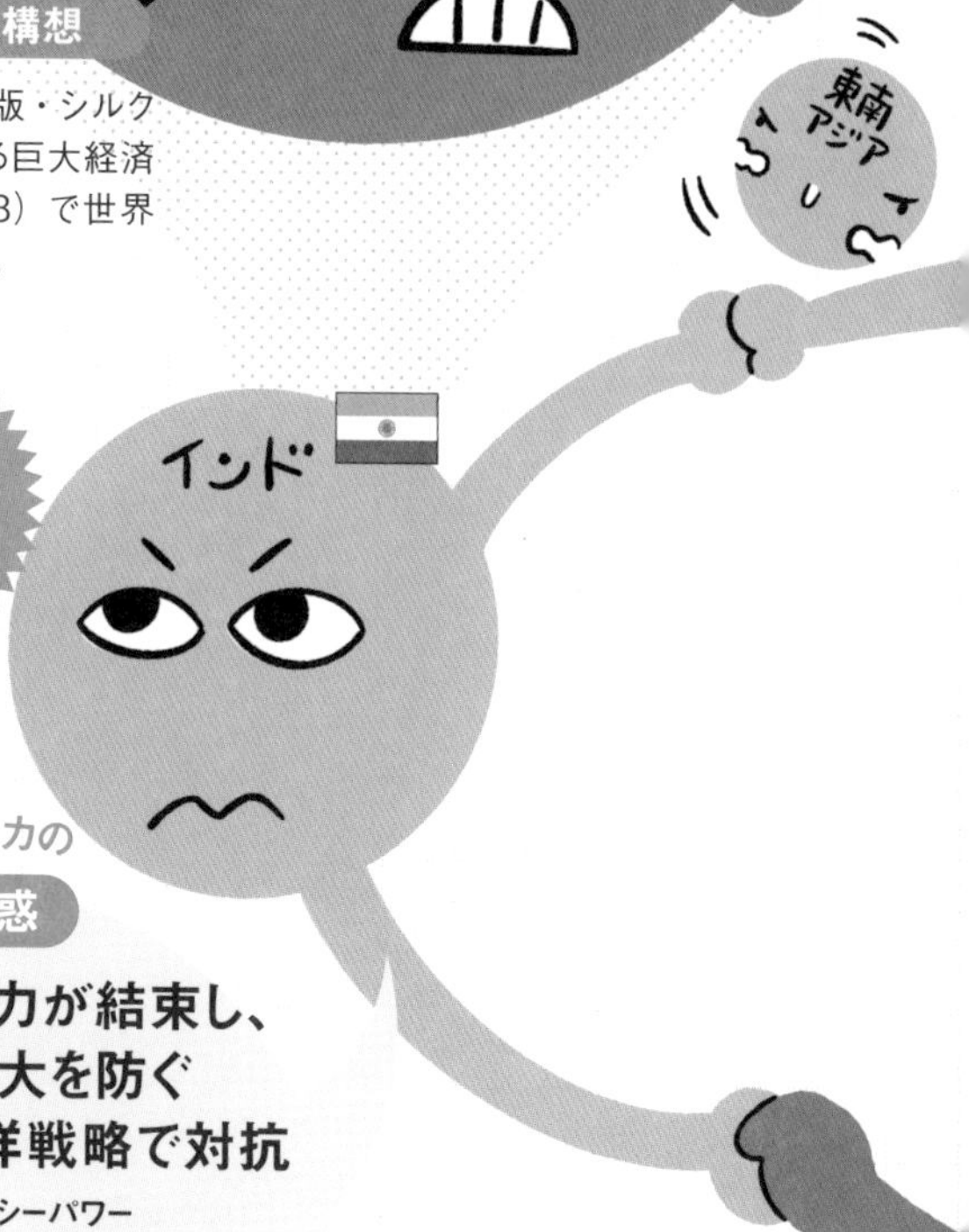

ランドとシーの対立

アメリカの

思惑

シーパワー勢力が結束し、中国の拡大を防ぐインド・太平洋戦略で対抗

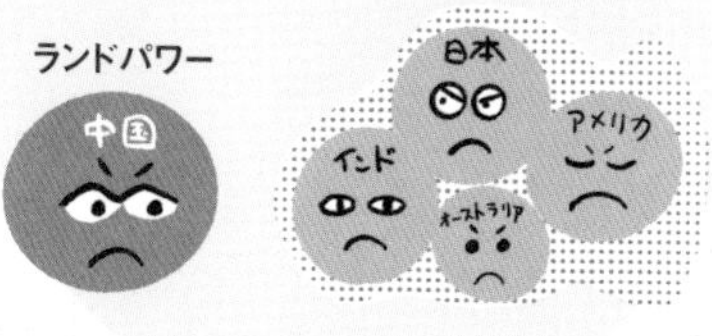

シーパワーであるアメリカを筆頭に日本、オーストラリア、インドで協力し、ランドパワーの中国をけん制しています。

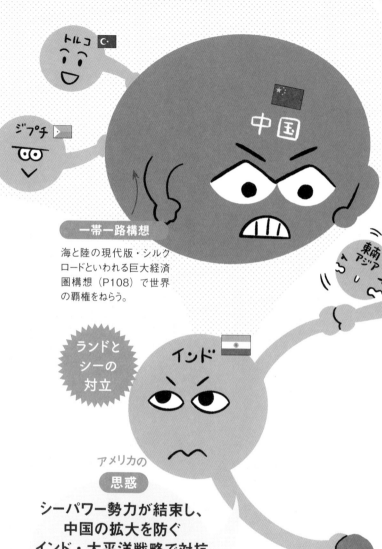

01

Answer

経済的にも軍事的にも、中国がアメリカに肉薄！

世界の覇権を奪われないかと警戒し さまざまな施策でけん制

解説

シーパワー勢力で海洋進出を目指す中国を阻止

アジアにおいてアメリカは、日本を足がかりに中国をおさえ、安定を図ってきました。**中国の台頭**にともない、オバマ政権時代にはアジアを重視するというリバランス政策を掲げましたが、その後、「世界の警察役」を返上。

世界2位の経済大国になった中国がアメリカにプレッシャーをかける

2005 年には GDP で 5 位だったものの、2010 年には日本を抜き、世界 2 位になり、2023 年には日本の約 4 倍です。

2005 年

1位 アメリカ
2位 日本
⋮
5位 中国

▶

2023 年

1位 アメリカ
2位 中国
3位 ドイツ
4 位 日本

中国が大躍進

最先端の半導体分野で中国への制裁を強化

トランプ政権の時代から制裁を行っており、バイデン政権でも、中国が経済的・軍事的に優位になるために必要な半導体開発を規制するなど、激しく対立しています。

アメリカの取り組み

- **中国への先端半導体や製造装置の輸出を制限**
- **中国の半導体設計企業を貿易制限リストに追加**

これに乗じて中国は近年、シーパワーの覇権を握るべく、南シナ海などに拠点をつくり、影響力を拡大しているほか（P106）、「一帯一路構想」でインド太平洋にも進出中です（P118）。

アメリカは、各地域は当事国に任せ、自分たちが不利益を被るまでは関与しない方針です。

ただし、アメリカの安全保障、経済成長のために海の覇権はゆずれず、中国への**半導体分野の規制**、**インド太平洋戦略**でけん制し、中国をおさえこもうとしています。

アメリカが構想する インド太平洋戦略とは？

アメリカは、中国の一帯一路構想により、多くの途上国が債務を抱え、「債務の罠」におちいっている（P118）と批判。一帯一路構想に加え、中国の度重なる南沙諸島や西沙諸島などへの領域拡大の動きに対して「自由で開かれたインド太平洋構想」で対抗。これは、日本とオーストラリア、インド、アメリカの4カ国でスタートした、インド洋と太平洋における貿易ルートや国際法を守るために提唱された構想です。

インド太平洋の安全保障体制 自由で開かれたインド太平洋構想

2016年に日本が提唱し、アメリカの対アジア戦略として採用されたコンセプト。シーパワーの国が協力しながら、インド洋や東シナ海、南シナ海などの海洋ルートの秩序を守る構想。一帯一路をはじめとする中国の抑止が目的。現在では、ニュージーランドに加え、カナダ、イギリス、フランスにも広がっており、2022年には韓国もコンセプトの共有を発表しています。

《参加国》
- アメリカ
- 日本
- インド
- オーストラリア
- ニュージーランド

など

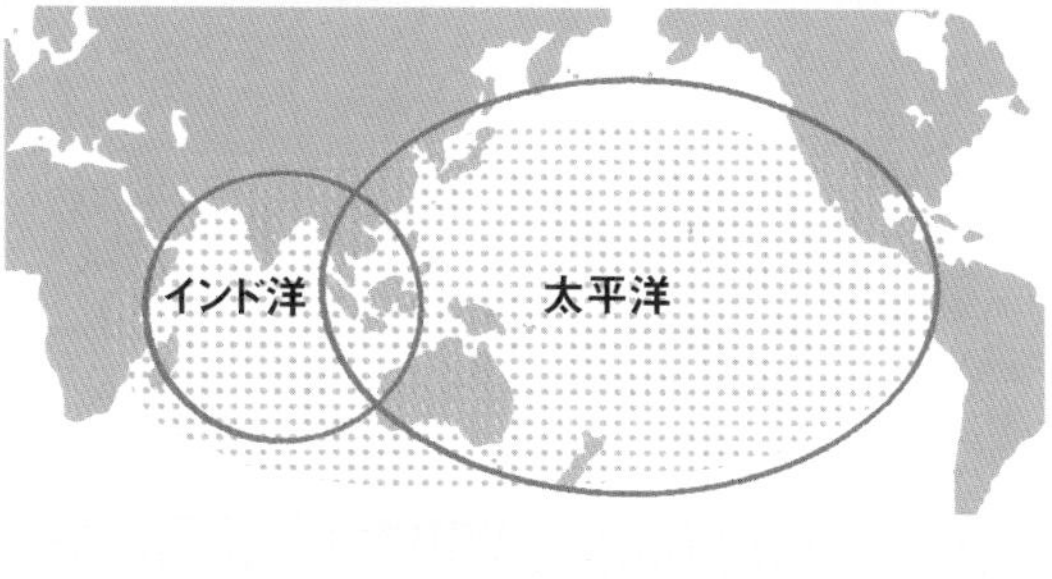

02 Question

三大戦略地域 Ⅱ中東

アメリカと中東諸国の関係って今どうなの?

中東との関係1

一時は離れたが、国以外の組織や宗教が絡み、関係は複雑化

石油が自国生産できるようになり、一時は離れました。近年はISやクルド人の問題、ハマスとイスラエルの争いなどにより関与を強め、複雑な関係に。

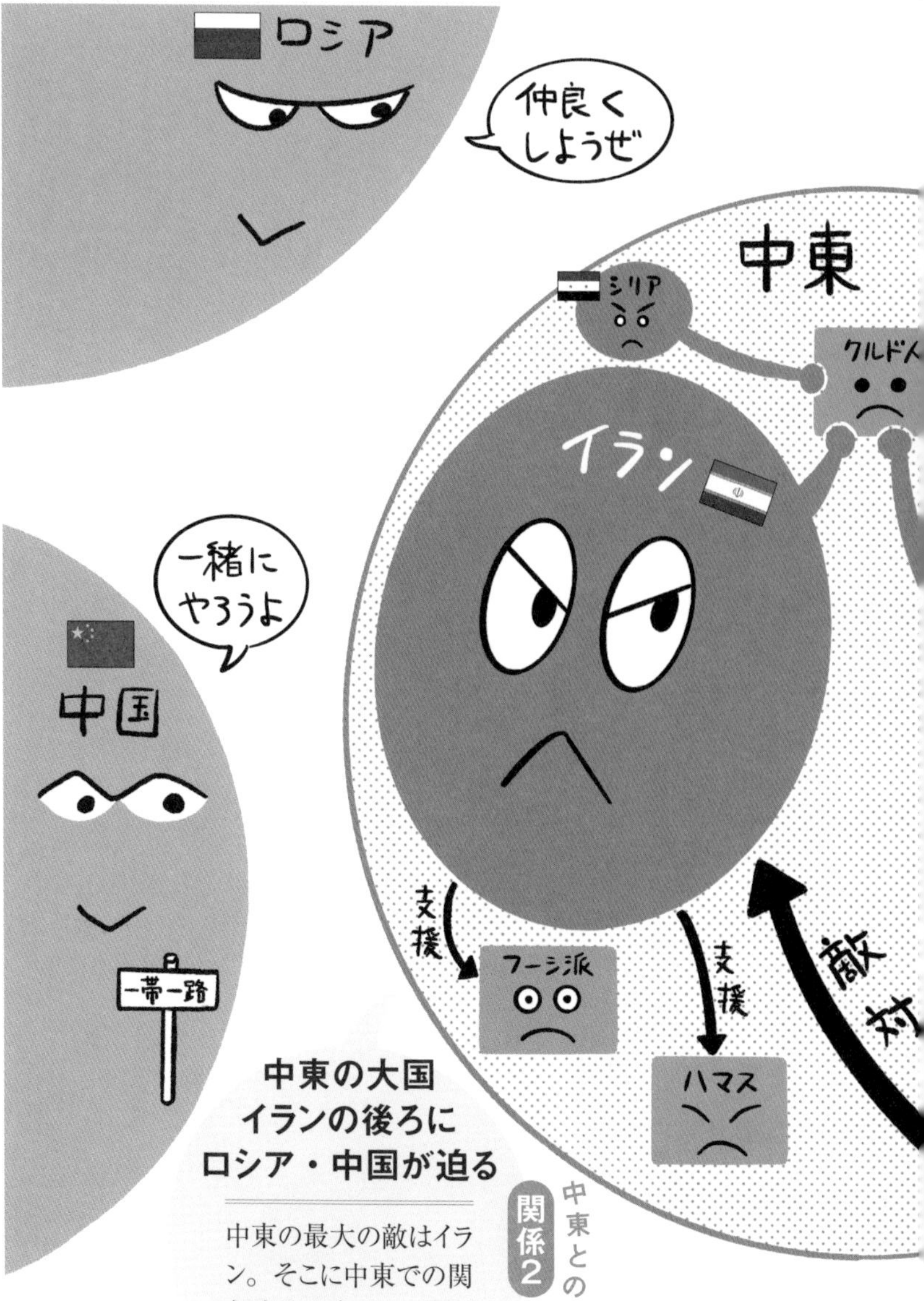

中東との関係2

中東の大国イランの後ろにロシア・中国が迫る

中東の最大の敵はイラン。そこに中東での関与をねらうロシアや、中国が絡みます。

02

Answer

石油利権の確保と旧ソ連への対抗も今は昔!?

石油の自国生産で手を引いたが、宗教や民族の影響で再び関与

解説

長年にわたり争いをくり返した結果引くに引けない状況に

石油利権の確保と旧ソ連の南下防止のために、アメリカは中東での親米国家建設に注力してきました。トランプ政権時代、イスラエル寄りの姿勢をさらに強め、イランとの関係が過去最悪に。関与をねらうロシアや中

イランの周辺に派兵された中東の米軍

アメリカの中東における戦略の目的は、安定的な石油パイプラインの確保と、敵対するイランの封じ込め。

そのため、クウェートやUAE、オマーンなど沿岸部に軍事拠点を置いています。

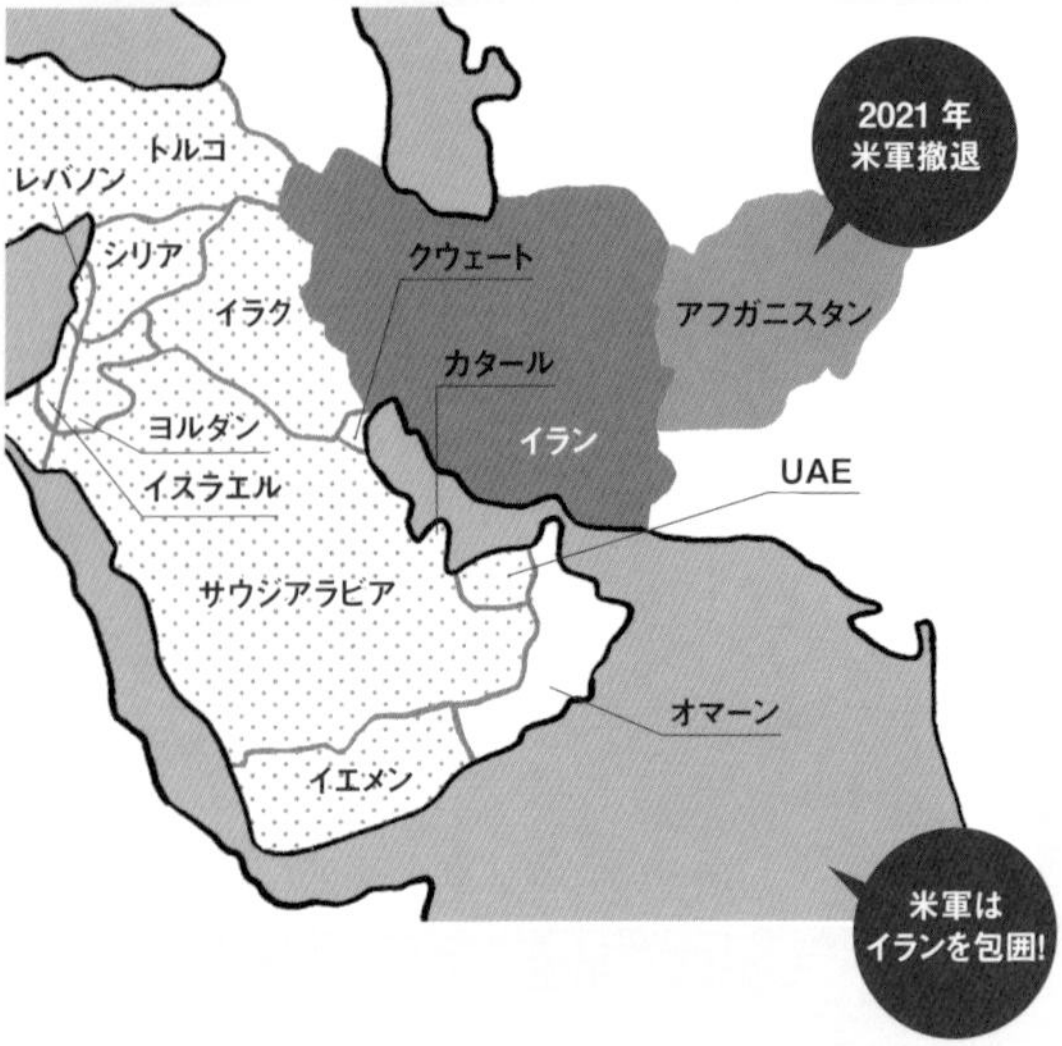

国をけん制するためにも**中東での大国イランの台頭をおさえること**が重要課題です。そのため、親米のサウジアラビアやイスラエルなどと協調し、イランに対抗しています。

アメリカ国内で**シェールオイルが発見**された影響で中東への関心を失いかけた時期もありました。しかし、現在は同盟国であるイスラエルと争うハマス、海上ルートを脅かすフーシ派など、国以外の組織との対立もあり、複雑な関係になっています。

世界のエネルギーバランスを変えうるシェールオイルとは?

頁岩《けつがん》と呼ばれる深さ約 2,000m の堆積岩の層から採取される原油。技術革新により掘削、生産が可能になったアメリカは、2013 年には原油生産量が輸入量を上回り、現在では原油輸入大国から輸出大国へと変わりました。シェールオイルの影響で、実は、現在アメリカは世界一の原油の産出国なのです。

アメリカは世界一の原油産出国

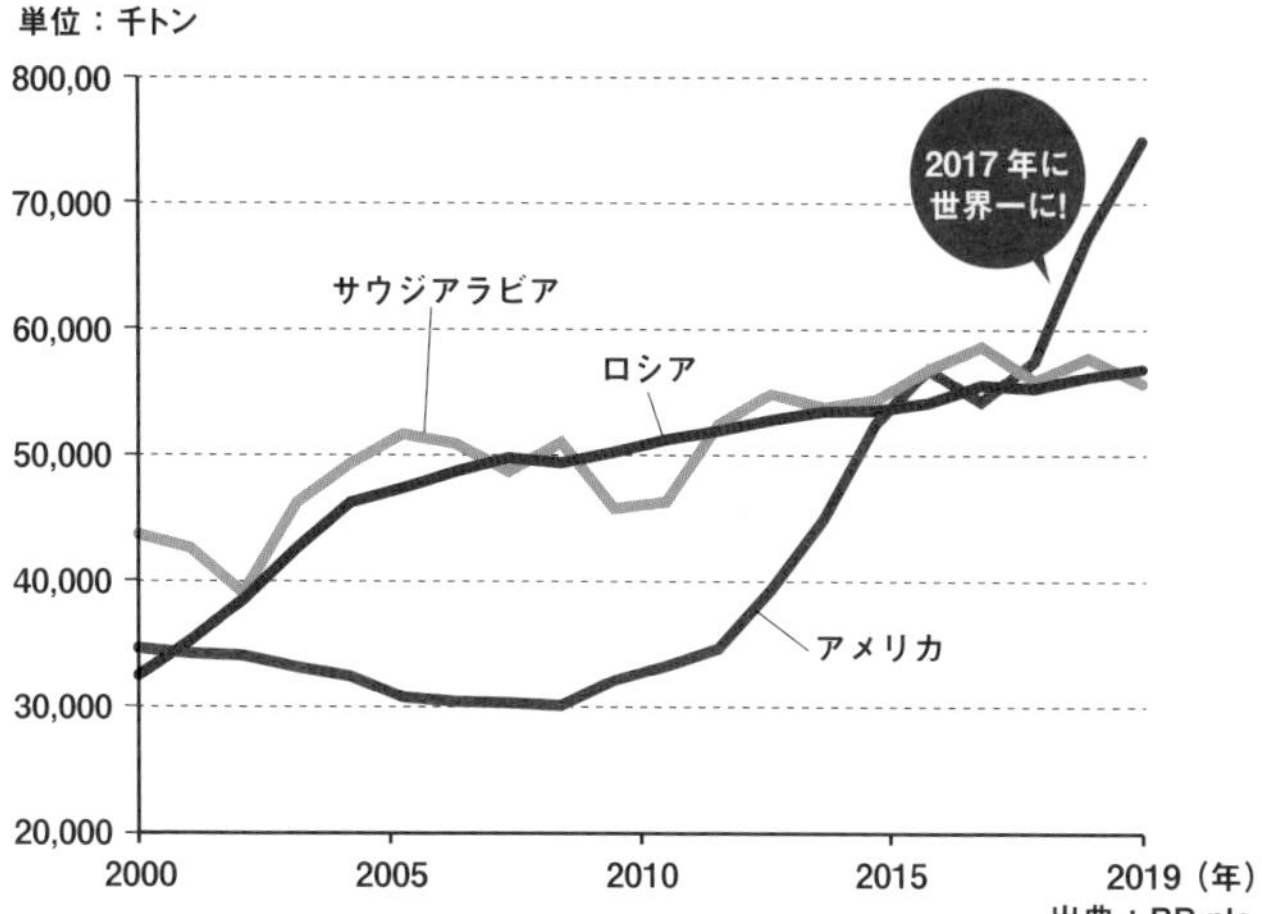

出典：BP plc

03 Question

三大戦略地域 Ⅲヨーロッパ

要所はウクライナとポーランド、さらに中東のトルコ!?

重要な

理由1

ウクライナとトルコはロシアの進出を阻む黒海の防波堤

黒海周辺でロシアに近接するウクライナとトルコ。ロシアが黒海を抜け、地中海に進むルートの重要な場所に位置しています。

重要な

理由2

ロシアとヨーロッパの間に位置するポーランドは陸ルートの防波堤

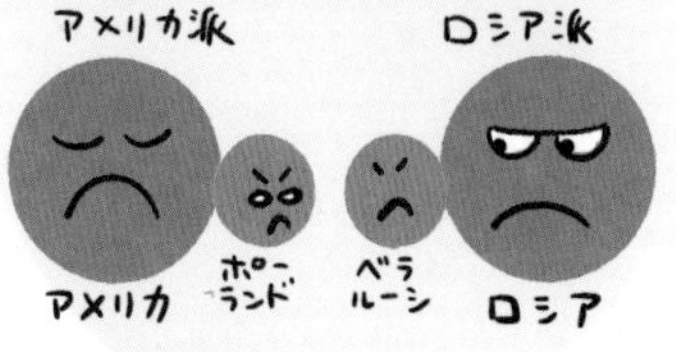

ロシアとポーランドの間にベラルーシがありますが、ベラルーシはもとは旧ソ連でありロシア側の勢力。実質的にはポーランドがロシアと接しています。

NATO

アメリカをリーダーとして、主に旧ソ連（現在はロシア）のヨーロッパ進出に対抗するためにつくられた軍事同盟（P157）。

03 Answer

ロシアの拡大を防ぐ防波堤になる

ロシアの進出ルートの最前線がウクライナ、ポーランド、トルコ

解説

ヨーロッパへの進出ルートの防衛がロシア拡大を防ぐカギ

ヨーロッパにおいて、安全保障上の要所は、東欧や、ポーランド、トルコがあるエリアです。

冷戦の時代から、アメリカは西欧諸国とNATOという軍事同盟を結んで旧ソ連と争い、崩壊後には東欧の国も巻き

NATOは対ロシア同盟。各国が協力し、進出を防ぐ

旧ソ連を中心とする共産主義国からの防衛を目的とした軍事同盟・NATO。加盟国が攻撃された場合、その他の加盟国で防衛支援するという取り決めがあります。最初は12カ国で始まり、冷戦後にはロシア側のポーランドも加盟。ロシアのウクライナ侵攻の影響もあり、2023年にはフィンランド、2024年にはスウェーデンと中立を保ってきた北欧の2国が相次いで加盟しました。

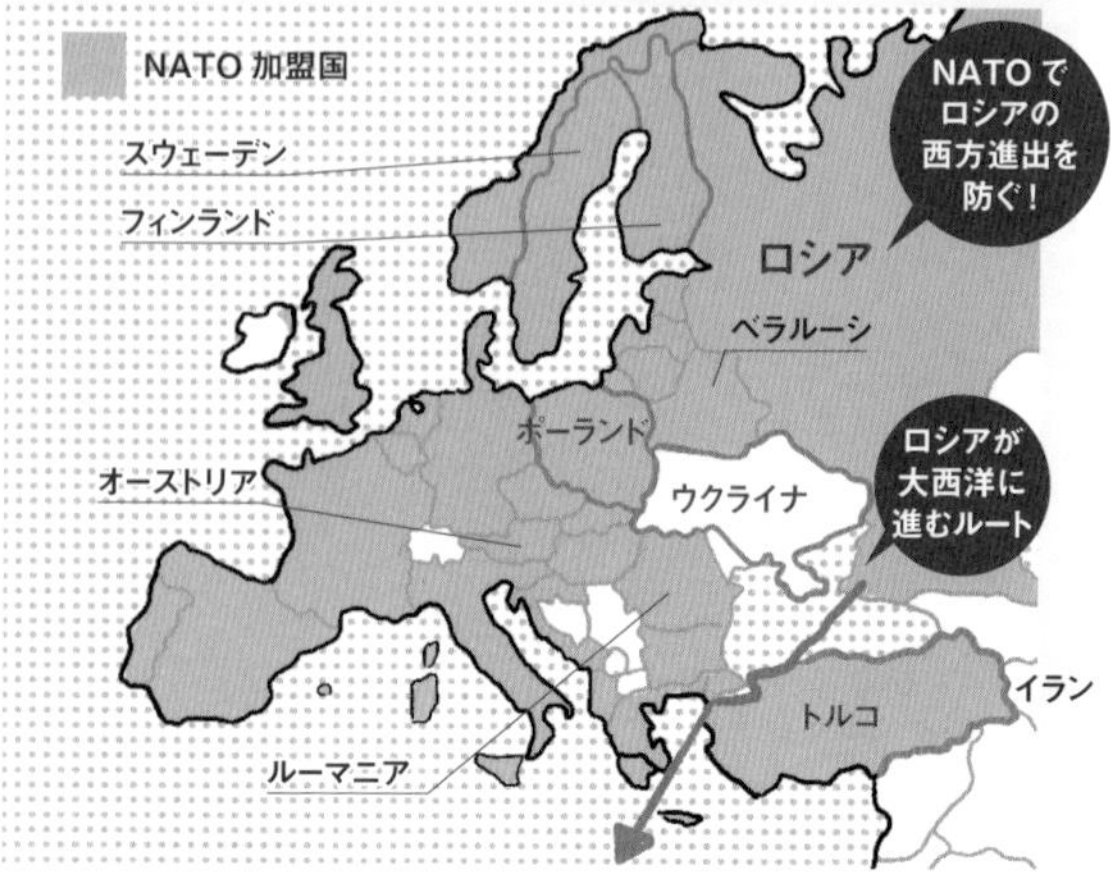

込んでロシアに対抗。しかし、ロシアはクリミアを併合し、ウクライナに侵攻するなど、現在も衝突は続いています。

現在、アメリカが重視しているのが、ロシアの進出ルート上（P84）にある黒海周辺とポーランドです。黒海周辺では、ウクライナを支援し、NATOであるトルコと連携。また、ポーランドは、NATOがロシア側の勢力と接する重要なエリアであり、2023年に、米陸軍の駐屯地が新設されました。

黒海でロシアと面する トルコが実は重要!

P86の地図にあるようにロシアが大西洋に進出するには、黒海から地中海へと抜けるルートをたどります。その出入り口にあるトルコは非常に重要です。中東に分類されるトルコですが、第二次世界大戦後、アメリカが提唱したヨーロッパの復興援助に賛同し、NATOに加盟しました。

大陸で進出を防ぐには ポーランドが要

ロシアがヨーロッパ進出する際の出入り口がポーランドです。特に要所となるのが、NATOのポーランドとリトアニアの国境にある「スバルキ・ギャップ」という地峡部。ロシアの飛び地であるカリーニングラードと、ロシア側のベラルーシの距離はわずか100kmで、露軍が部隊を派遣すれば簡単にポーランドとリトアニアを分断できるため、アメリカやNATOは警戒をしています。

04 Question

アメリカ

覇権国にもかげり!?

アメリカで内戦が起こるってあくまで噂ですよね?

全員で
アメリカを
つくりましょう!

2021年、議事堂への襲撃でアメリカの民主主義が危険に!?

当時のトランプ大統領の支持者が、バイデンが当選した選挙は不正だと議事堂を襲撃。選挙結果を実力行使で覆そうとした事件であり、民主主義への攻撃といわれています。

▼

内戦の気配1
不安定な民主主義

アメリカの深刻な分断

アメリカの政党は、リベラルで平等な社会を目指す「民主党」と、市場を重視する保守的な「共和党」の２つ。近年、双方の考え方は譲歩できないほど離れており、同時に、民主党のバイデン、共和党のトランプと大統領選も絡み、大きく分断しています。

支持政党	共和党	民主党
主張	保守	リベラル
エリア	中西部、南部、農業地帯	東海岸、西海岸、大都市地帯
属性	白人、労働者、キリスト教徒	有色人種、マイノリティ、貧しい人、富裕層

内戦の気配２
文化や人種、宗教的な分断

世界でもっとも重大な地政学リスクは、アメリカの内戦といわれています。

04

Answer

内戦の専門家の研究で判明！

現在のアメリカは、内戦が勃発する条件にピッタリと合てはまる！

解説

内戦リスクを高める不安定な政治と分断、優位層の没落

現在のアメリカは、内戦が発生した国に共通する2つの特徴が当てはまります。1つが政治の状態。内戦は、**民主主義と専制政治の間の状態になると発生の可能性が高まります**。アメリカでは議事堂襲撃が起こるなど、

“貧困”でも“政治腐敗”でもなく、“専制政治と民主主義の間の状態”で高まる内戦リスク

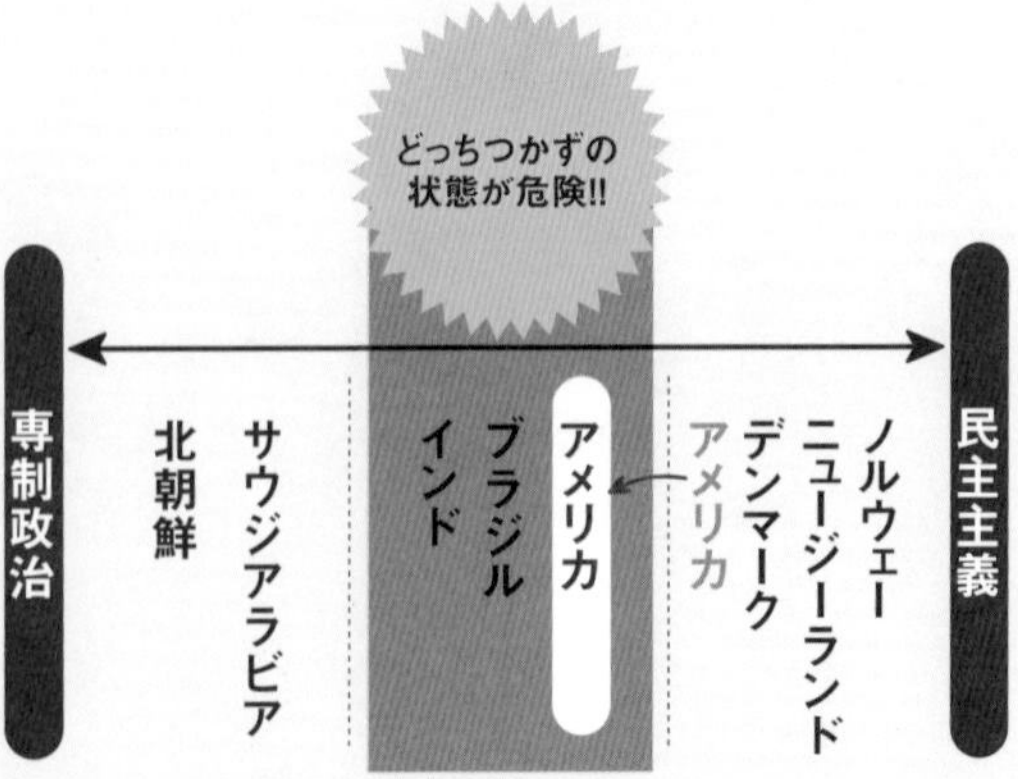

国の政治体制が民主主義と専制政治の間で、どこにあるか評価すると、公平な選挙が行われるノルウェーなどは完全な民主主義、反対に国民の意思を政治に反映できない北朝鮮などは完全な専制政治になります。内戦のリスクが高いのは、両極ではなく中間。民主主義が崩れて専制政治へと移る、または、独裁者が倒されて民主主義へと変わっていく際に内戦の可能性が高まるのです。貧困や不平等が進んでも、完全な専制政治なら内戦は起こりにくく、「部分的に民主主義を実現した状態」のほうが内戦の可能性は高いのです。

民主主義が不安定になっており、この条件に当てはまるのです。

もう1つが、文化や宗教などの対立に加え、〝社会で優位にいた層が、衰退すること〟。アメリカでは2つの政党で社会が分断され、同時に黒人などの社会的地位の向上で、「没落した」と感じる、**かつて社会で優位にいた〝昔ながらの白人〟**がおり、こうした層が内戦の引き金になりそうなのです。現在のアメリカは、かつて**イスラム教内部の対立で内戦が発生したイラク**と似た状態です。

“いわゆる白人”の優位性が低下！「失ったものを取り戻す」意識が内戦を起こす!?

現在、アメリカではヒスパニック・ラテン系やアジア系の人口が増えるなど、多様化が進んでいます。そんななかで「失った優位性を取り戻したい」と考える、社会的身分の高い白人は少なくないそうです。実際、議事堂襲撃に参加した半数以上が、白人の経営者や弁護士などでした。

まさにイラクでは優位性を失ったスンニ派と、シーア派で争いが

イラクでは、スンニ派のフセインが大統領だった時代には、人数としては少数のスンニ派が多数のシーア派を弾圧していました。しかし、フセインが亡くなると、シーア派が政権を握り、市民が殺害される事件が相次ぎ、対立が激化して内戦が起こったのです。

05 Question

アメリカ

アメリカの進む道を決める大統領選挙

共和党のトランプと民主党のバイデンはどうちがうの？

さまざまな事柄を
トップダウンで
決定
大統領就任以前は
ほとんど
政治経験なし
スピード感があり、
大きな改革も
実現
米国の官僚は
もちろん、
同盟国も混乱
トランプ
(共和党)

解説

同盟国と協調しながら急成長する中国と対峙

トップダウンで政策を決定し、同盟国を振り回したトランプに対し、バイデンは、周囲と協調しながら物事を進めるタイプです。同盟国は対応しやすくなりますが、一方で国内の野党(共和党)から反発があります。また、大統領として歴代最高齢であることも不安の1つでしょう。

バイデン政権もトランプ政権も、外交課題の中心は中国。強硬な姿勢は同

Answer

アメリカの分断の象徴
アメリカ第一を貫くトランプと、物事を着実に進めるバイデン

オバマ大統領時代の副大統領や民主党上院外交委員会メンバーなど、外交経験が豊富
正式な手順を踏み、「やると」といったことはしっかりと実現
周囲の官僚や同盟国との協調を重視し、対応しやすい
大胆な改革もあるが、スピード感は少ない
バイデン
（民主党）

じですが、アプローチが異なります。トランプは、先陣を切って単独で交渉するため、付け入る隙をあたえていたことが少なくありませんでした。バイデンは、2021年のアフガニスタン撤退に失敗したとはいえ、ヨーロッパとは信頼関係があります。この関係を生かし、同盟国の総意として交渉するため、中国が譲歩をするケースも増えることが予想されるのです。

日本は、アジア防衛に重要な働きを期待されており、さらなる協力が必要になるでしょう。

の特徴

世界一広い領土を持ち、かつて世界２位の大国だったという自負が、対外戦略に影響を与えています。

I 歴史

海外に進出するときの「5大ルート」＋「新・北極海ルート」

地理的条件により、海外へ進出するルートは旧ソ連時代と同じ。通行可・不可を合わせて全部で６つのルートがあります。

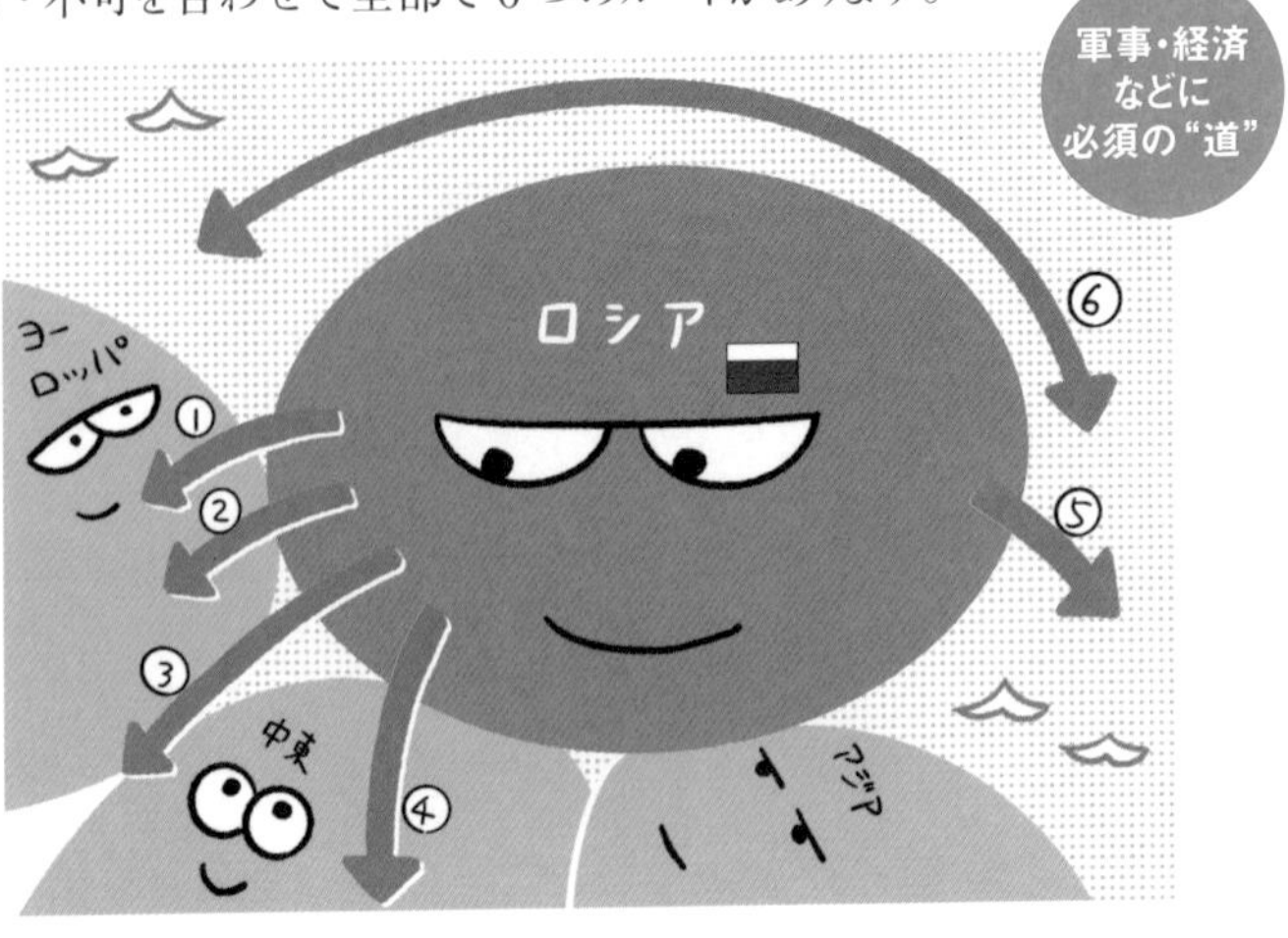

①バルト海ルート

ロシアが自国の海岸を通るメインルートだが、北欧がNATOに加盟し、現在通行できるかは不明。

②ヨーロッパ陸ルート

旧ソ連がドイツへ侵攻したルート。ベラルーシからポーランド、ドイツへ進む。

③黒海ルート

黒海からトルコの海峡を通るルート。現在も周辺の国では衝突が起こっている。

④インド・アフガニスタンルート

ソ連時代に侵攻したルートだが、現在は影響力がなく、通行できない。

⑤シベリア・ウラジオストクルート

ロシアの東側、アメリカ大陸側を通るルート。北方領土にも近い。

⑥北極海ルート

2000年以降に開発されたロシアの北側を回る新ルート。

地政学で考えるロシア

II 衝突

広大な領土を守るため、周辺を協力関係の国でかためてバッファゾーンをつくる

世界でもっとも広い面積のロシアは、国境を接する国の数も世界一。経済的に国境を完璧に防衛するのは難しいため、隣接する国を協力的な状態にして、対抗勢力とのバッファゾーン（緩衝地域）にしています。

III 国土

旧ソ連崩壊後の独立国は「本来は自分のものだが失った領土」

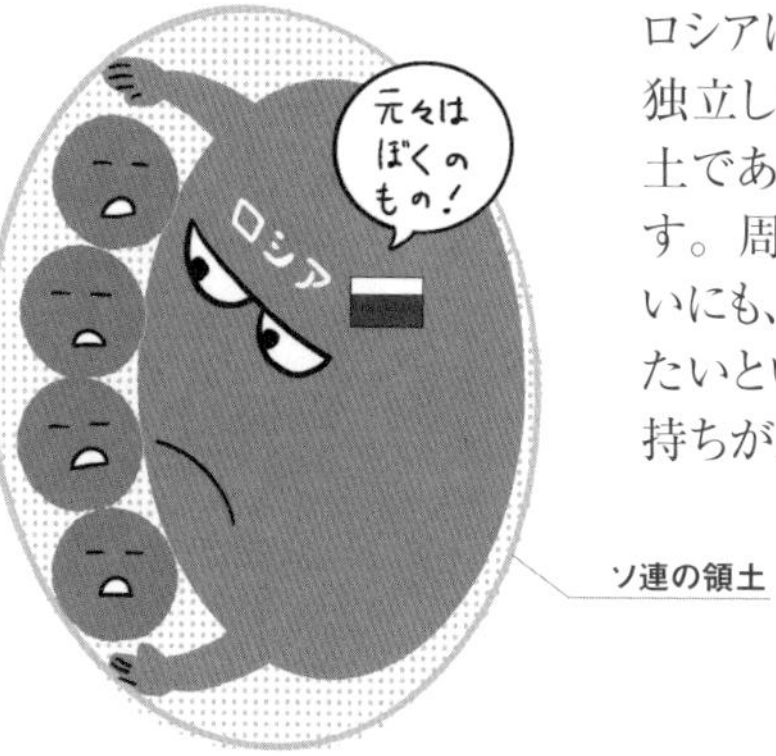

ロシアにとって、旧ソ連崩壊後に独立した国は、本来は自国の領土であるという意識が強いようです。周辺国への対外的なふるまいにも、かつての領土を取り戻したいという国土回復運動的な気持ちが見られます。

解説

ロシアの南進に重要な伝統的5大ルート

国土の多くが、北海道よりも北に位置するロシア。冬季には港や海が凍りつき、使えなくなるため、凍らない拠点を求め、「国外へ進出し、交易ルートを確保すること」が地政学的戦略の大原則です。**進出には伝統的に5つのルートがあり、近年、そこに北極海ルートも加わっています。**

一方、国境を接する国の数が14と世界一多く、攻められるリスクが高い

冬期には、国土の北部は凍るため、凍らない拠点を求めて国外へ進出

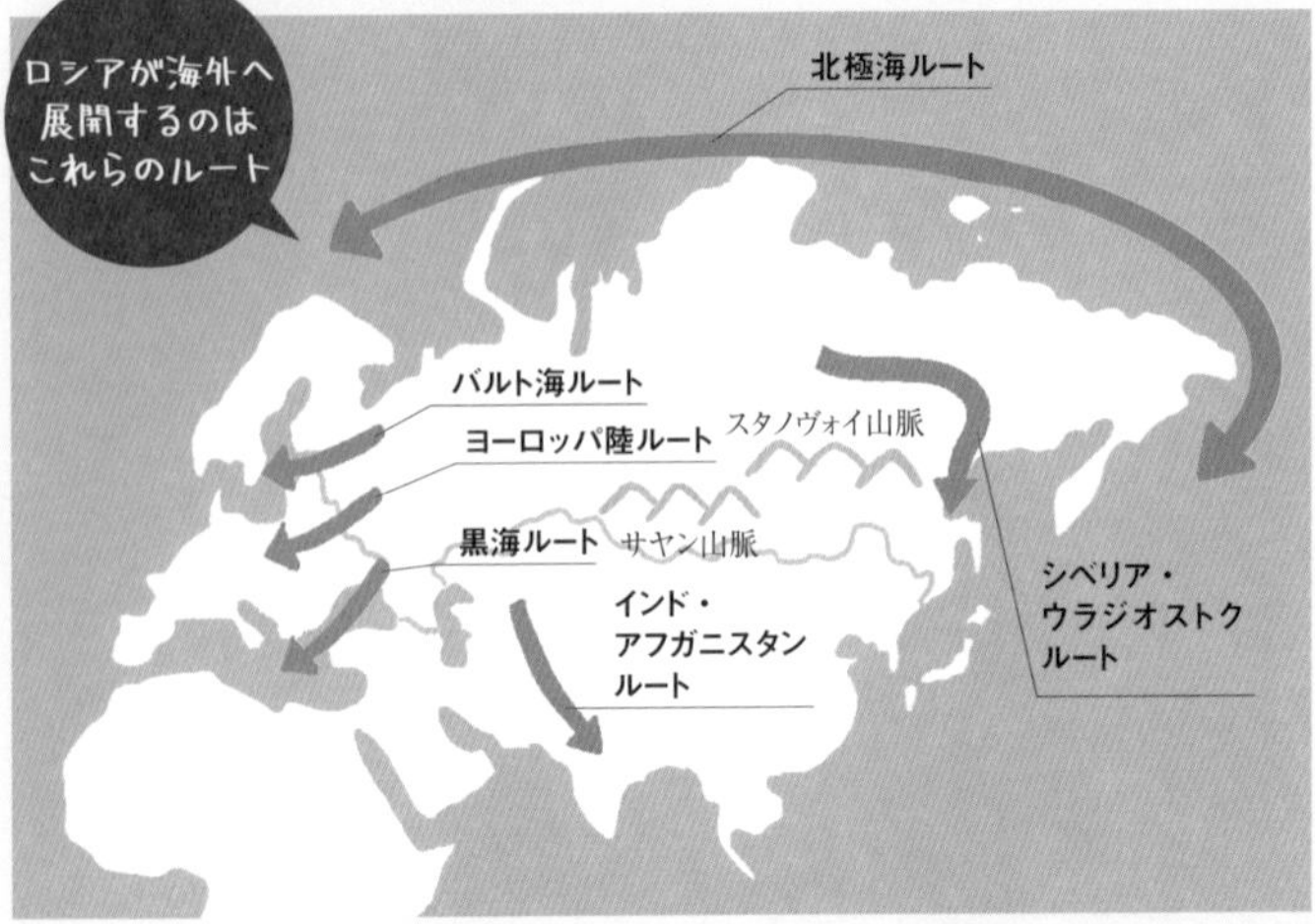

ユーラシア大陸の中心部にあるロシア。北部は冬期に凍りつく北極海、南部は他国に囲まれているため、シーパワー勢力にとっては非常に攻めづらく、防御には優れています。反面、攻撃に関しては、北極海の凍結のせいで不自由になるため、拠点を求めて国外へ進出します。ただし、ロシア南方にはスタノヴォイ山脈やサヤン山脈があり、どこからでも進出できるわけではなく、可能なのは、5つのルートだけなのです。

のがロシアの弱点です。

しかし、**ロシアはほかの大国と比べて経済力が低く**、すべての国境線を防衛するのは難しい現実があります。そこで、周辺国と協力関係を結び、対抗勢力とのバッファゾーンにする戦略を取ることが多いのです。

また、周囲の国に対して、**ロシア側には、「ソ連崩壊後の独立国は、失った国土」という意識**があります。周囲の国の併合は、「ただ取り戻すだけ」の行為と考えており、心理的な抵抗が少ないのです。

面積は世界一だが、GDPはアメリカや中国のはるか下

「世界一の領土」を持つロシアですが、GDPは韓国やカナダと同程度です。ロシアの経済は、旧ソ連崩壊によって混乱。その後は天然資源の輸出により向上しましたが、いまだに国民の13%程度は貧困層だといわれています。

ロシア	GDP：1兆9970億ドル（世界11位） 面積：約1709万km^2（世界1位）
アメリカ	GDP：約27兆3578億ドル（世界1位） 面積：約983万km^2（世界3位）
中国	GDP：約17兆6620億ドル（世界2位） 面積：約959万km^2（世界4位）
日本	GDP：約4兆2129億ドル（世界4位） 面積：約37万km^2（世界62位）

アメリカの約1/14！

アメリカの約1.7倍！

GDP：International Monetary Fund GDP, current prices Billions of U.S. dollars 2023
面積：CIA The World Factbook

ソビエト連邦は、ロシアと14の国へと分裂

1991年にソビエト連邦は崩壊し、ロシアと14の独立国家へと解体されました。

〈解体後の国〉
ロシア、アルメニア、アゼルバイジャン、ベラルーシ、エストニア、ジョージア、カザフスタン、キルギス、ラトビア、リトアニア、モルドバ、タジキスタン、トルクメニスタン、ウクライナ、ウズベキスタン

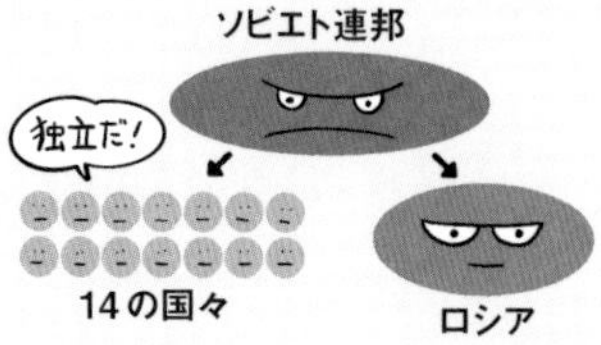

06 Question

ロシア

解決の糸口が見えない争い……

ロシアとウクライナ、現状と今後の流れは?

ロシア
お前ら
もともと
おれだろうが!

当初のロシアの思惑 ❶

黒海ルートに影響力を持つにはウクライナは譲れない!

当初のロシアの思惑 ❷

NATO 勢力と国境を接したくない! ウクライナは NATO に加入させない

トルコ
うーむ…
NATOだけど
ロシアもねぇ

ロシア怖いんで
NATO入りました
スウェーデン
フィンランド

なんつったっ
ロシア好き。
ベラルーシ
ウクライナ
ロシア許さん！
NATO! HELP!

侵攻の影響 ❶

**北欧２国が NATO 加盟！
バルト海ルートの自由度が低下**

ロシアの侵攻の影響もあり、フィンランドとスウェーデンが NATO に加盟。バルト海が NATO の海に。

せーのっ
ウクライナがんばれ！
イギリス
ドイツ
イタリア
フランス

侵攻の影響 ❷

**ヨーロッパ諸国は
対ロシアで、一致団結！**

当初はエネルギーの関係などから足並みがそろないこともありましたが、現在は対ロシアで団結。

侵攻の影響 ❸

**ウクライナは国土の約 20% が
ロシアの支配地域に**

露軍の攻撃とウクライナ軍の反撃で、現在はウクライナ国土の約２割がロシアの支配地域になり膠着。

06

Answer

もはやすっきりとした終結はなさそう…

日本なら北海道を奪われたような状態。お互いに譲歩せず、将来は朝鮮半島!?

解説

戦況が膠着し、長期化の様相……。ロシアの不安は経済!?

地政学で考えると今回のロシアの侵攻は、「黒海ルートの確保」と「NATO勢力の進出阻止」という思惑が見て取れます。黒海の確保に成功する一方で、北欧2国がNATOに加盟し、バルト海を失ったことは、ロシ

領土をめぐって激しく争う ロシアとウクライナ

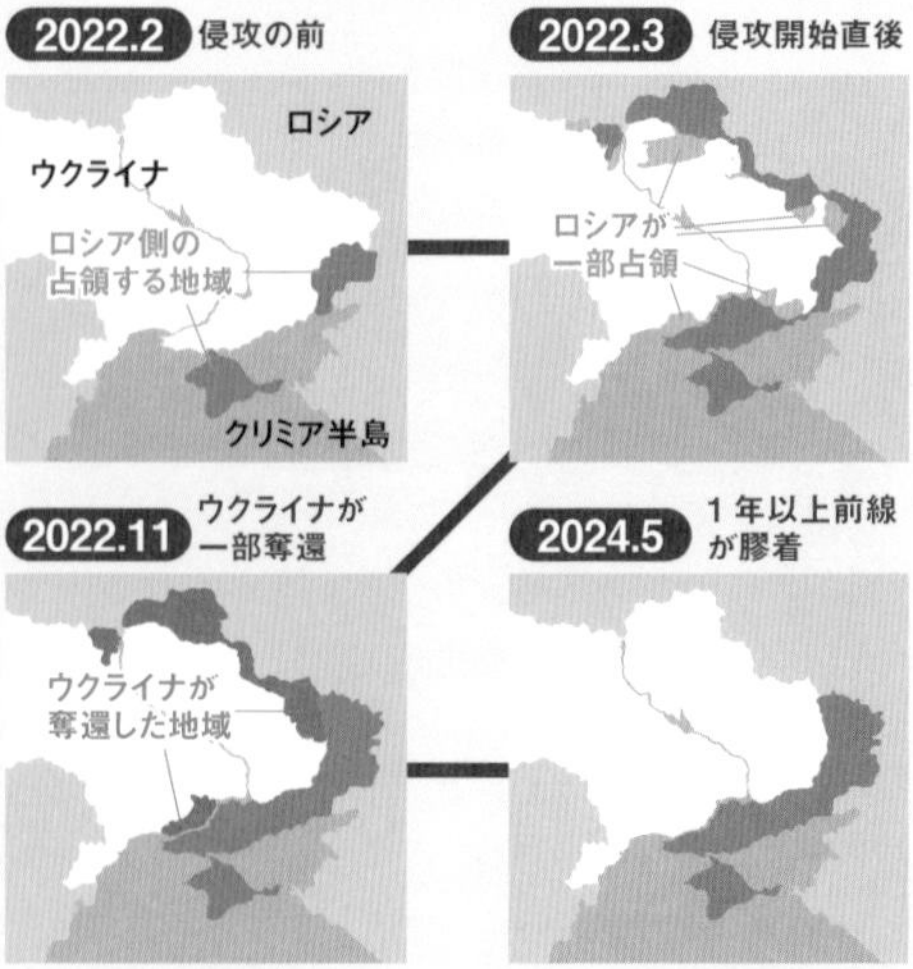

2022年2月にプーチンが「特別軍事作戦の開始」を宣言し、露軍が進軍。翌月には首都キーウに迫り、一時はウクライナ全土の約27%を占領しました。しかし、ウクライナ軍も反撃を行い、さらに翌月には露軍はキーウ近郊から撤退し、その後もウクライナは奪われた領土を奪還していきました。現在は国土の20%、日本でいえば北海道を丸々奪われた状態です。この推移は朝鮮戦争とも似ており、今後、現在の前線が北朝鮮と韓国の国境のようになるのではと考えられています。

アの大きな失敗でしょう。

開戦時、露軍はキーウに迫りましたが、衛星通信などの援助もあり、ウクライナ軍は領土を奪還。**現在はウクライナ国土の約20％がロシアの支配地域です。**現状、**双方が塹壕などを設置して戦局が膠着。**早期の解決は難しく、前線が朝鮮半島の国境のようになると考えられています。ロシアの懸念は経済です。現在**ロシアは戦争の影響で好景気ですが、終結すると暴落する可能性が高く、**そうなるとロシア崩壊の可能性もあるのです。

塹壕や障害物、地雷によって膠着する戦況

現在、ロシアとウクライナの双方とも、防衛線に戦車を防ぐ塹壕を掘ったり、“竜の歯”という障害物を設置したり、地雷を埋めたりするなど、相手の侵入を防ぐ前線を構築しています。このため、互いに簡単に進行することができなくなっており、戦況が膠着し、支配エリアが変わらなくなっているのです。

ロシアは、ドーピングのような“戦争経済”だが、終結すると……

ロシア経済は、諸外国の経済制裁により不況になると考えられていましたが、さまざまな抜け道や戦争継続を最優先にする“戦争経済”へシフトし、今のところ好景気のようです。しかし、戦争が終わると、経済が低迷する可能性が高く、ロシアから独立を目指す国が現れ、ロシアが崩壊する可能性もあります。

ロシアの実質GDPの推移

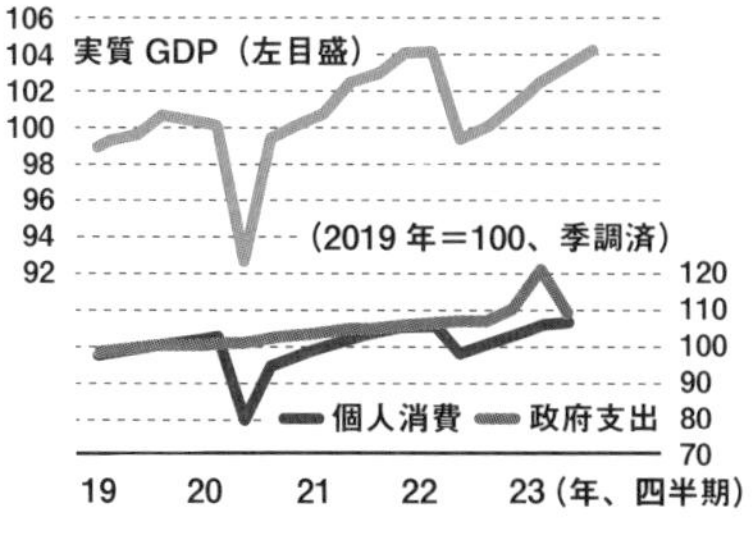

07 Question

P36にも登場したけど「北極海ルート」はロシアと日本にどんな影響が？

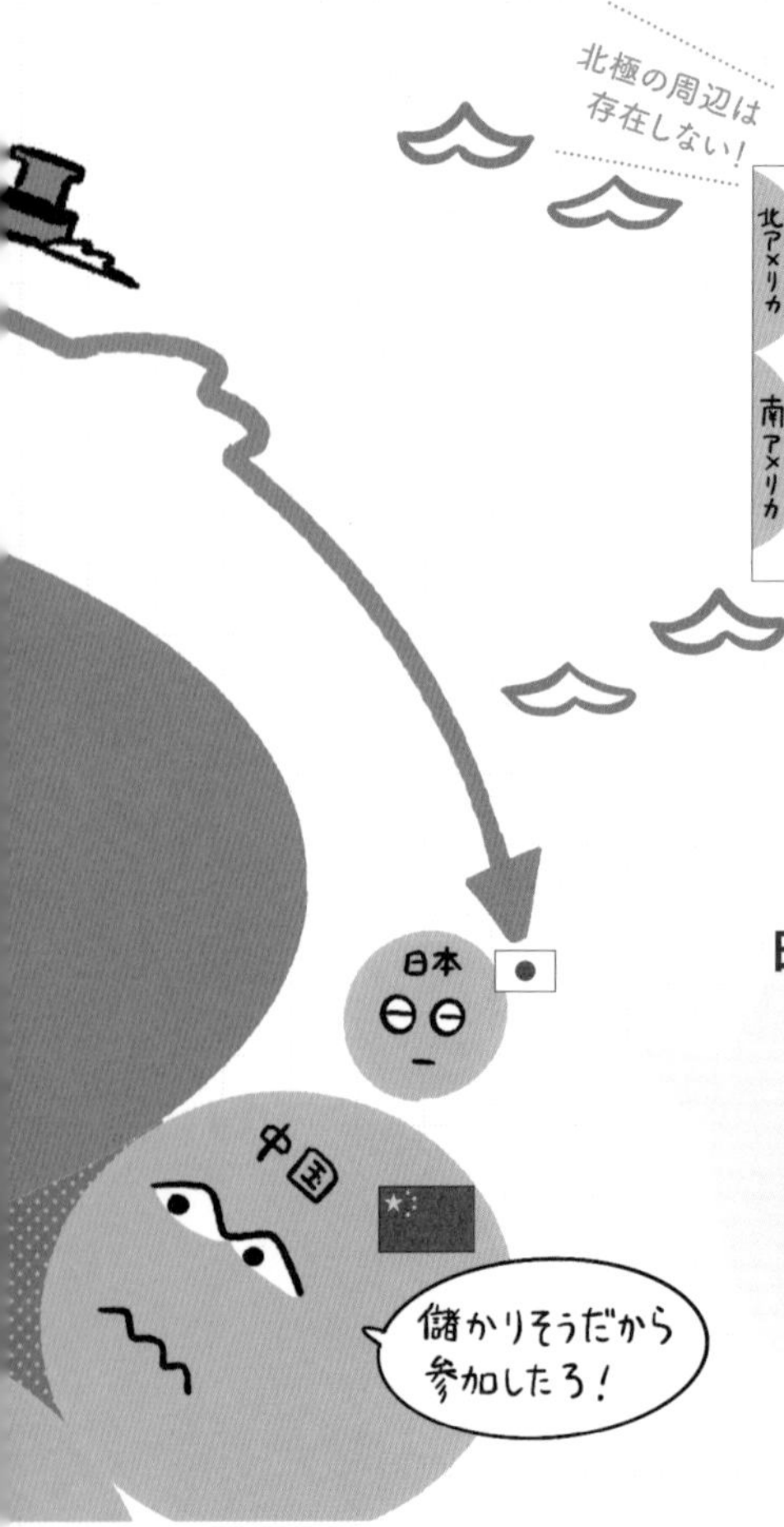

古い時代の地政学の概念的な地図

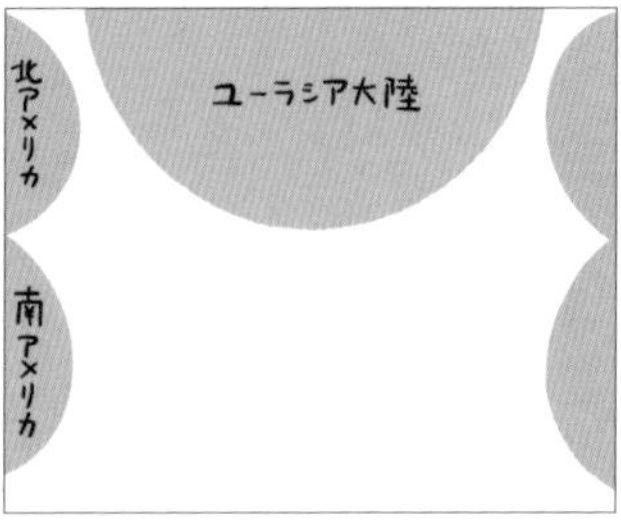

地政学的には、通れない北極海はないものとされ、概念的な世界地図には存在しなかった。

影響1

日本～ヨーロッパ間の航行距離が、3割短縮！

日本とオランダ間を航行する場合、スエズ運河を通るルートに比べ、北極海ルートは距離が約3割短縮されます。

影響 2

海賊のいる危険な海峡を通らないので安全

危険の多い海峡を通る必要がなく、寒冷地を航行することができるため、安全性が高いルートです。

影響 3

航行許可はロシアのみだったがウクライナ侵攻で頓挫

ロシアの許可のみで渡航可能で楽だったが、2022 年のロシアのウクライナ軍事侵攻によりルートの活用は頓挫。

07

Answer

地政学の地図すら変えた大革命

「北極海ルート」は、メリットがたくさん。だがウクライナ侵攻により頓挫

解説

ロシアにとって可能性に満ちた北極海ルート

以前は〝北極海は通航不能〟が地政学の常識でした。しかし、氷が溶けて2000年頃に通航可能になり、開通したのが北極海ルートです。

このルートは従来のルートに比べ、「極東～ヨーロッパ間の距離の短

開発中の北極海ルートがウクライナ侵攻により頓挫

〈日本～ヨーロッパ間のルート〉

メリット 1
航行距離が3割短縮
メリット 2
海峡を通らず安全
メリット 3
渡航許可はロシアのみ
デメリット 1
高価な耐氷船が必要
デメリット 2
まだ補給基地が不十分
北極海ルート 約 1.4 万 km
従来のルート 約 2.1 万 km
ウクライナ侵攻で頓挫

北極海ルートは、耐氷船が必要、補給基地が不十分などの問題もありますが、従来ルートより距離が短く、中東や東南アジアのような情勢が不安定な国の許可もいらず、許可はロシア1国だけなどメリットが多いルートです。

しかし、2022年のロシアのウクライナ軍事侵攻により、北極海ルートの開発・活用が頓挫しました。今後、休戦され、ロシアと欧米諸国や日本の関係が平時に戻らなければ、このルートを日本が使用することはないでしょう。

縮」「海賊がおらず安全」「ロシア1国の許可で航行できる」といったメリットがあります。しかし2022年のウクライナ軍事侵攻により、計画が頓挫。経済制裁が解除されるなど、戦争の解決が必要な状況になっています。

また、北極海周辺には莫大な量の石油や天然ガスが発見されています。ルートだけでなく、エネルギーの面でも北極海は世界の情勢に大きな影響を与える可能性があり、中国などが開発に参加しています。

北極海ルート周辺には、莫大な石油や天然ガスなどの資源も

北極海周辺の魅力として、ルート以外に豊富な天然資源があります。このエリアには、世界の石油資源の13%、LNG（天然ガス）の30%が採掘可能な状態で埋まっているといわれています。

世界における北極海周辺の推定埋蔵量の割合

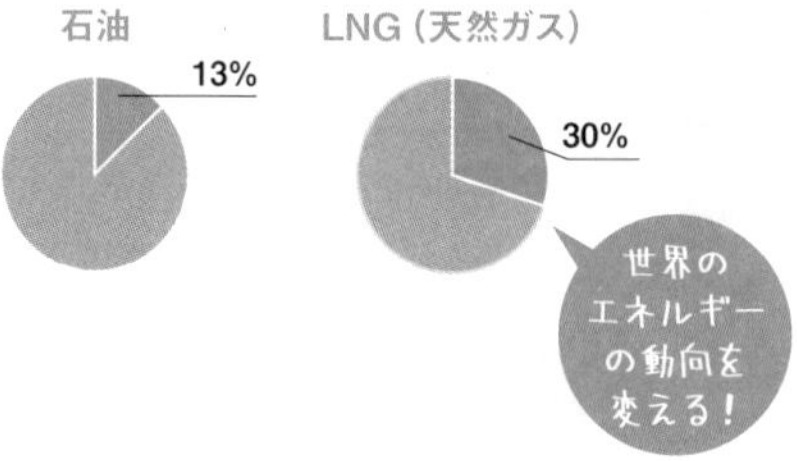
石油
13%
LNG（天然ガス）
30%
世界のエネルギーの動向を変える！

アメリカと中国は北極海ルートをどう考えている？

中国は、アメリカの影響が小さいルートを望んでおり、積極的に北極海開発に参加しています。一方、アメリカは、アラスカに領土を持ち、グリーンランドにも空軍基地を備えるなど、北極海にも一定の影響力があり、進出を目論む中国やロシアと対立しています。

ロシアや中国の影響力おさえたい
ガンガン投資して氷上シルクロードをつくる！
アメリカ
中国

08 Question

ロシアの動きに大きく関わる「黒海・北極海ルート」以外の4ルートの現状は?

インド・アフガニスタンルート

現在は使用不可。
イランを通る新たな
ルートを開発中

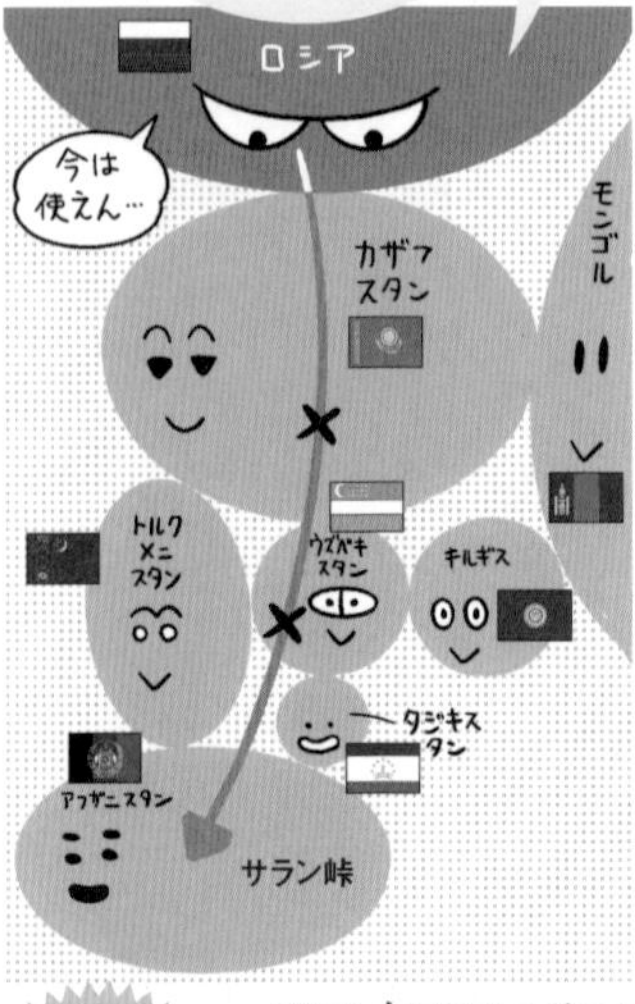

通行不可

1979年のアフガニスタン紛争後、通行不可になり、現在新しいルートを開発中です。

シベリア・ウラジオストクルート

北方領土で日本と対立
＋
中国の海洋進出
もあり、微妙

日本、中国の関係が微妙…

太平洋艦隊の本部があるウラジオストクには、貴重な凍らない港があります。

バルト海ルート

バルト海にNATOの影響力が大きくなり、現状不明

バルト海沿岸にはロシア軍港がありますが、北欧2国がNATOに加盟して自由度が低下。先行きは不透明です。

まだ不明

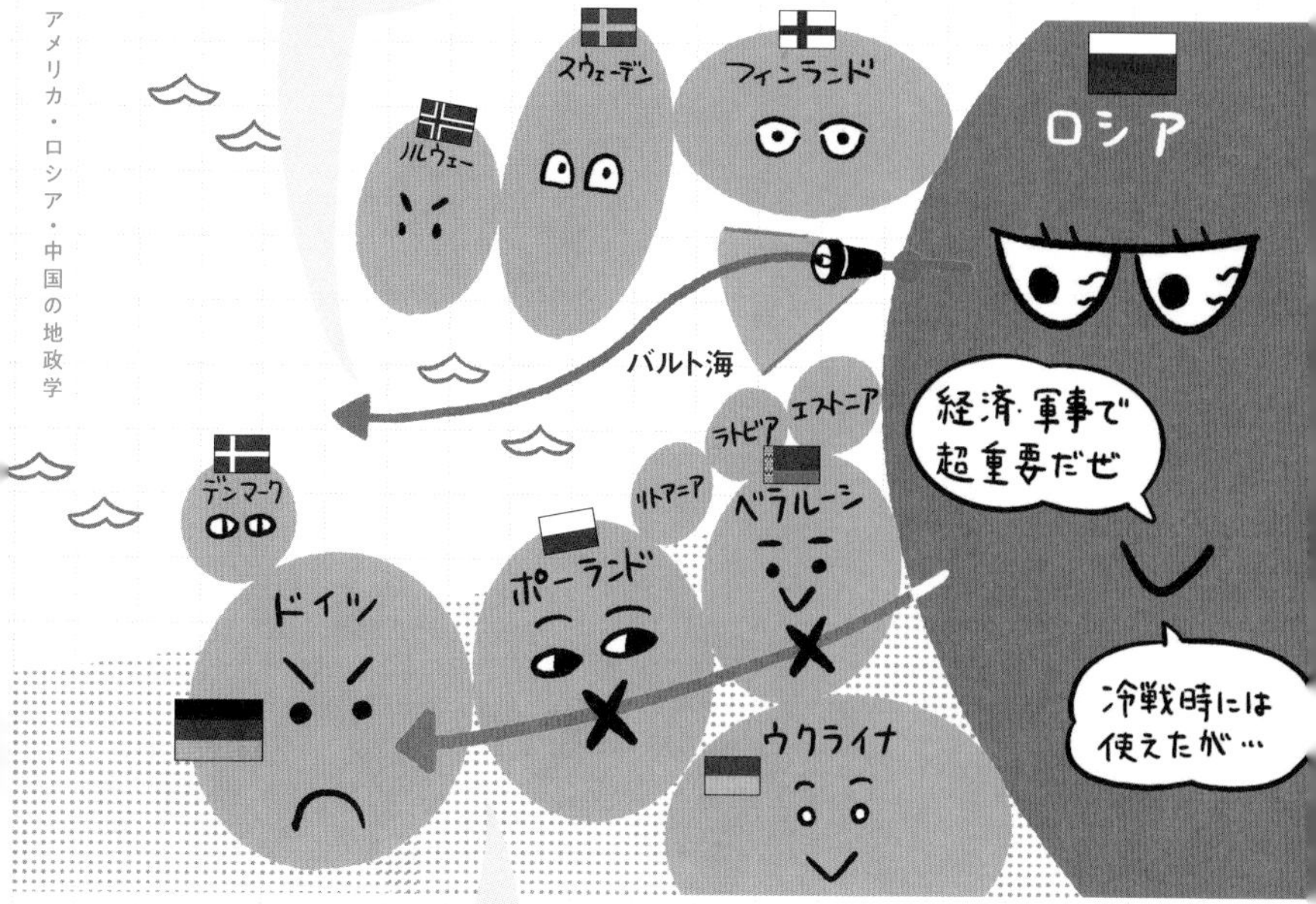

ヨーロッパ陸ルート

第二次世界大戦でドイツ軍と旧ソ連軍が対峙したルート。現在は通行不可

ロシアからベラルーシ、ポーランドのワルシャワ付近を通り、ドイツへ向かう陸上のルート。

通行不可

08

Answer

ウクライナ侵攻で影響が！

以前のルートは不通・不明が多く、新ルートを開発中

解説

ルートから見る大国ロシアの国際関係の現状

黒海ルートと北極海ルート以外の4海路の現状を見てみましょう。

インド・アフガニスタンルートは、ロシアの影響力がなく、また、**ヨーロッパ陸ルート**もNATOの国を通るため、通行できません。そのため、現在

ロシアが開発している新しいイランルート

ウクライナ侵攻によって大きな影響を受けているロシアのルート。不通になったルートもあるため、現在、ロシアはNATOと関わりのない、イランを通る新しいルートを開発中です。このルートは、カスピ海を運行する海路や、アゼルバイジャンを通る陸路などがあり、穀物や機械部品、武器の輸送などに使われているようで、急ピッチでインフラ整備が進んでいます。ロシアからインドへの輸送を考えた場合、イランルートは従来のバルト海ルートからスエズ運河を通るのに比べて、半分以下の距離であるという大きなメリットがあります。

ロシアはイランを通る**イランルート**を開発中といわれています。

一方、ウクライナ侵攻前は、ロシアの主要路だった**バルト海ルート**ですが、北欧2国がNATOに加盟してバルト海の影響力が低下し、安定した通行が可能なのか、わかっていません。付近に艦隊の母港があるシベリア・ウラジオストクルートでは、北方領土をめぐり、日本と対立し、近年は中国の海洋進出もあり、これまでのような通行ができるのか、微妙な状態です。

第二次世界大戦や冷戦での侵攻ルートだったヨーロッパ陸ルート

ロシアからベラルーシ、ポーランドを通り、ドイツへと通じるヨーロッパ陸ルート。第二次世界大戦時には旧ソ連とドイツが交戦し、冷戦時には、ワルシャワ条約機構が侵攻したルートです。現在はドイツとポーランドはNATOに加盟しており、アメリカのシーパワー陣営の一部のため、ロシアは進出できません。

北欧の2国がNATO加盟！バルト海は誰のもの？

長い間中立を保ってきた北欧のフィンランドとスウェーデンが、2023年、2024年に相次いでNATOに加盟し、バルト海は“NATOの海”と呼ばれる状態です。現在も沿岸部のサンクトペテルブルグや飛地のカリーニングラードは、ロシアのバルト艦隊の軍港がありますが、今後、バルト海ルートがどうなるのかは、まだわかっていません。

09 Question

プーチン大統領は ロシアの将来的な戦略をどう考えている?

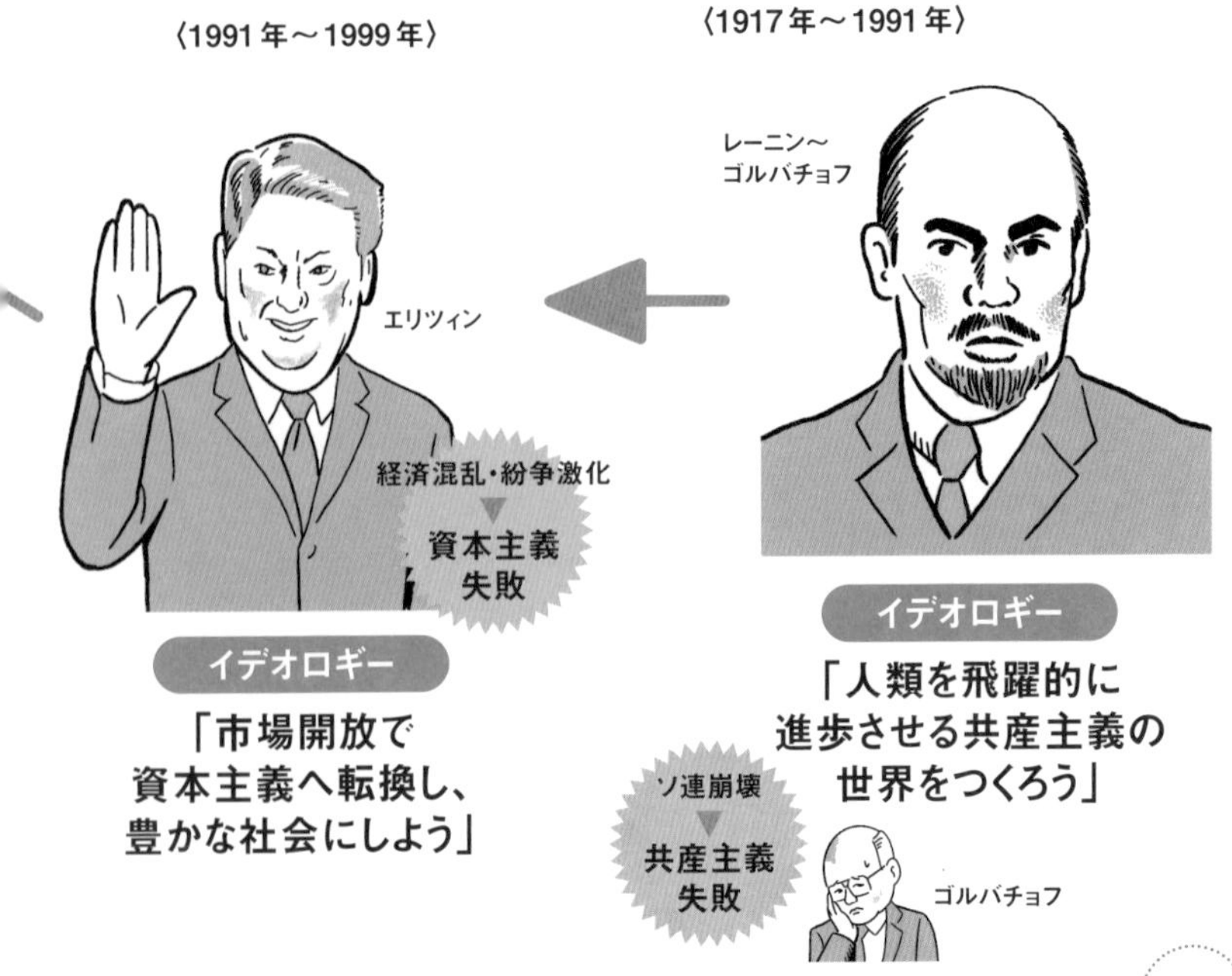

解説

対外的な戦略を正当化するため、地政学を利用

プーチン大統領の思い描く対外戦略の原則は、「世界一の領土の維持・拡充」「国際社会での影響力の拡大」。内容的には、過去の統治者とそう変わりませんが、過去のロシアの〝失敗〟から、対外戦略を実現する手段に地政学を活用しています。

今から100年以上前に理想的な社会主義国家の建設を目指して誕生した旧ソ連ですが、冷戦に敗れて崩壊。そのイ

Answer

2度の失敗により、イデオロギーは捨てた。

地政学的な戦略で、影響力の拡大と領土奪還を目指す

〈2000年～〉
領土を奪われる恐怖から、先に仕掛けて領土を奪う
世界一の領土を持つ大国として世界への影響力を拡大
ソ連崩壊により失った領土をロシアに取り戻す
プーチン
強烈なリーダーシップ
地政学的な視点

「リベラル・デモクラシーの夢は見ない。地政学的戦略で世界一の領土を持つ国を維持・発展させる」

デオロギーは失敗に終わりました。その後、市場を開放して資本主義を取り入れ、豊かな社会を目指しますが、経済が混乱し、再び失敗。

この2度の失敗のあとに大統領になったのがプーチン大統領です。彼は、対外戦略の正当性を担保する指針として、地政学を利用しています。領土拡充を地政学によって正当化しつつ、強烈なリーダーシップで国を引っ張り、旧ロシア帝国を取り戻す、それがプーチンの特徴です。

I 国土

はるか昔から、国土の広さのせいで周辺国から攻められる恐怖心が!

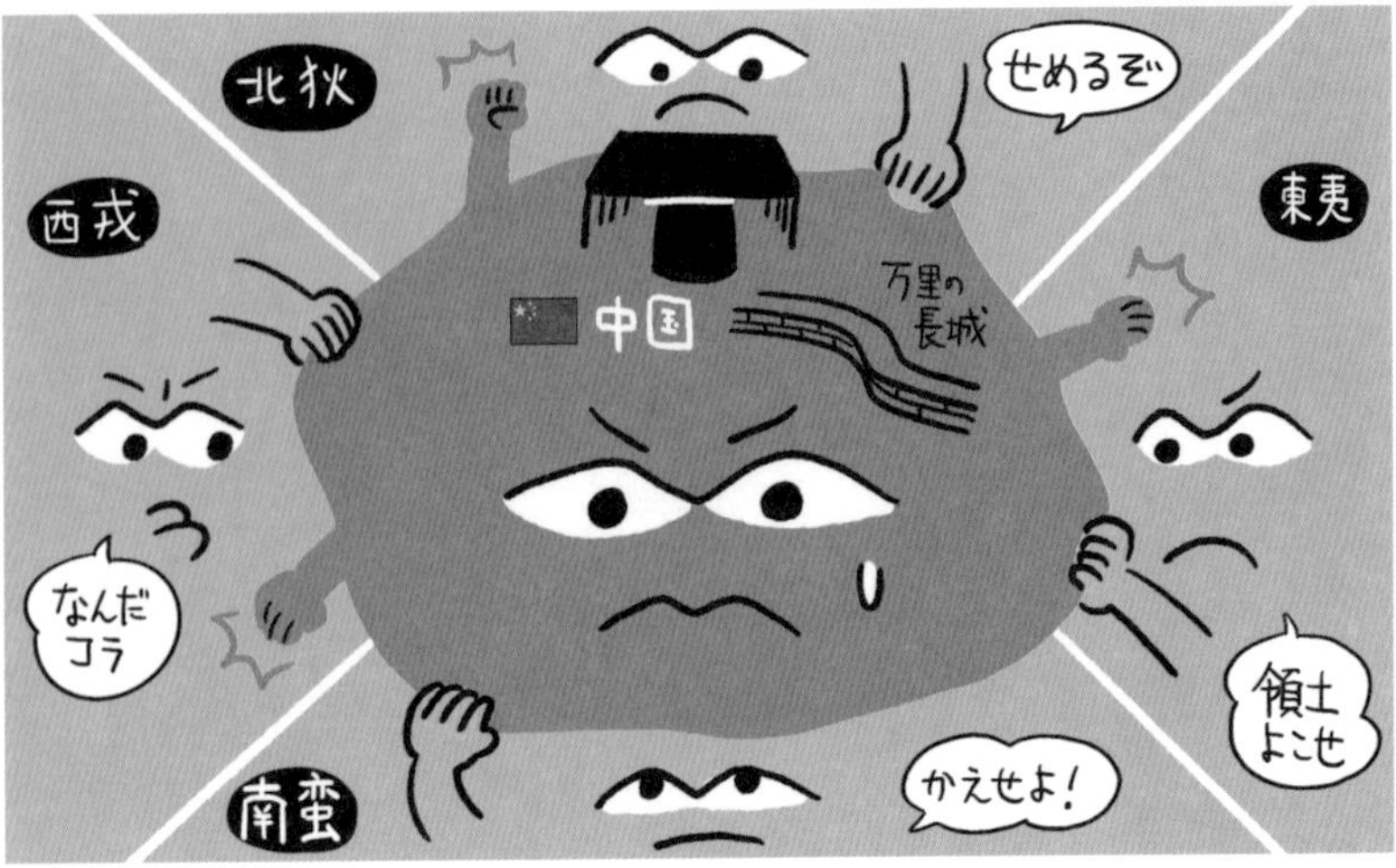

アジア最大の国土面積を持つ中国。古来より、漢民族と四方に住む異民族（東夷《とうい》、西戎《せいじゅう》、北狄《ほくてき》、南蛮《なんばん》）との争いや、ロシアやベトナムなどの隣接国との国境紛争が絶えず、常に陸の脅威に悩まされてきました。

地政学で考える中国

II 統制

漢民族のほかに 50 以上の少数民族がいる

中国は国内に 50 以上の少数民族がいます。国内を監視・統制するための公共安全費が国防費を上回るという、珍しい状態です。

国防費 1.29 兆元 (2020 年) ＜ 公共安全費 1.39 兆元 (2020 年)

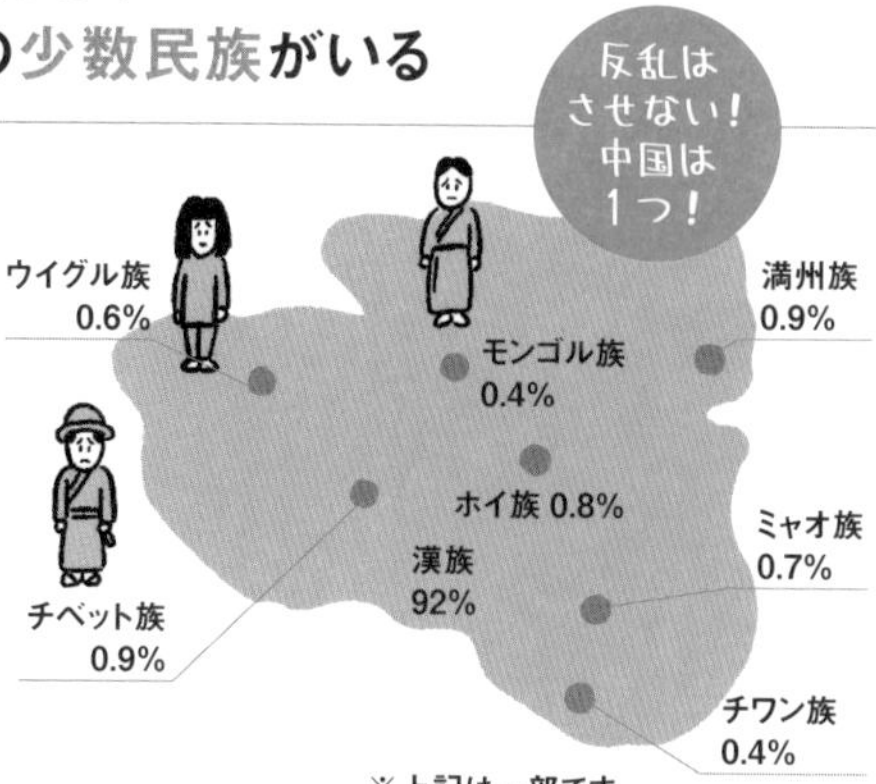

※上記は一部です

III 戦略

中国史上2度目のシーパワー国家を目指す

1400 年代に海洋進出したことがありますが、周辺国との戦いに注力するために中止に。そして現在、再びシーパワー国家を目指し、海洋へ進出しています。

解説

海洋国家に挑戦する中国

世界第4位の広大な国土を有するランドパワー国家の中国は、古くから陸続きの周辺地域からの侵略に悩まされてきました。長年、攻められる恐怖があったため中国には、**周辺国を取り込もうとする傾向**があります。

同時に、国内には50以上もの少数民族を抱えていることから、民族同士の争いも絶えません。そのため、国内の**公共安全費が国防費を上回る状態**が続き、海外進出す

周辺国との領土争いを続けてきた中国

領土をはっきり決める！

もともと民族間の争いが絶えなかった中国ですが、1949年の建国をきっかけに、周辺国との争いが激化。異民族を弾圧したり、侵略をしたりと、辺境での争いを辞さないようになりました。

1949年	ウイグル併合
1950年	朝鮮戦争に介入 チベット独立運動弾圧
1962年	中印国境紛争
1969年	ソ連との国境論争
1979年	中越戦争
1996年	台湾海峡危機
1997年	香港、中国に返還
2019年	香港民主化デモ

軍事費より治安維持のコストが多い世界でも珍しい国

反乱は許さない！

右肩上がりの国防費と公共安全費。特に公共安全費は、国防費を上回っています。公共安全費には、反体制派の監視やジャーナリストの盗聴、過激派対策、ネット上の政治的内容の削除なども含まれるといわれています。

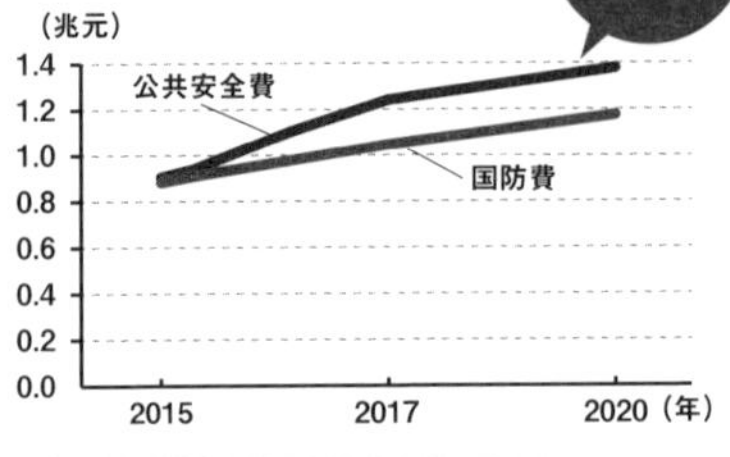

るほどの経済的な余裕はありませんでした。

しかし、近年は急激な経済成長を背景に、海洋に目を向けるようになっています。伝統的に中国には「漢民族こそが世界の中心である」という中華思想がありましたが、1842年のアヘン戦争での敗北により、この思想は打ち砕かれてしまいました。だからこそ、世界第2位の経済大国となった現在、ランドパワーだけでなく、シーパワーをも手に入れ、積年の屈辱を晴らそうとしているのです。

堂々と海洋に出る中国。その動きとは？

世界進出だ！

2013年に当時のオバマ大統領が「アメリカはもう世界の警察官ではない」と宣言すると、積極的な海洋進出を始めた中国。東シナ海や南シナ海を手に入れようとする動きや、インド太平洋の海洋ルート確保の動きが目立ちます。

南シナ海
南沙諸島に人工島を建設。

東シナ海
日中中間線の中国側でガス田開発を進める。

インド太平洋
「第一・第二列島線」、「一帯一路構想」を打ち出し、軍事施設や港の建設を進める。

中国人の根底にある中華思想とは？

中華思想とは、古来から漢民族に伝わる思想で、「中華の天子（皇帝）が世界の中心にあり、その文化・思想が最上である」という自民族中心主義のこと。王朝外の周辺民族に対しては侮蔑の意を込め、四夷《しい》（東夷、西戎、北狄、南蛮）と呼んでいました。

10 Question

なぜ今になって 中国は海洋進出を始めたの?

海洋進出の理由1

国境確定までは国内の安定が優先で経済・軍事の余裕なし

長らく国境争いをしてきた中国ですが、2000年代には国境がほぼ確定。とはいえ、現在でも細かな争いは続いています。

進出

東シナ海の尖閣諸島周辺を航行

2008年以降、中国政府の船舶が尖閣諸島周辺の海域を航行し、領海侵入をくり返している。

進出

南シナ海に人工島を建設

軍事拠点として、南沙諸島の暗礁を埋め立て、7つの人工島を建設。現在8つめを建設中という噂があり、セカンド・トーマス礁でフィリピン軍と対立してる。

進出

カンボジアの軍港を改修

中国が改修工事の援助をしたカンボジア南端部の軍港に、中国海軍とみられる艦船が寄港している。

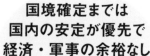

進出

北極海に砕氷船を送る

海底資源と北極海ルートの確保をねらい、2012年に砕氷船「雪竜」が北極海を横断。

進出

紅海、アデン湾に面する「ジブチ」に基地を建設

2017年、初の海外基地を東アフリカのジブチに設置。

進出

インド洋のスリランカに港を建設

スリランカ南部にあるハンバントタ港の建設を支援。2017年に中国国営企業に運営権が渡った。

海洋進出の理由2

情勢の安定や経済の発展により、国外へ向ける戦力が！

国境が固まった現在、経済的な余裕があるため、戦力を国外に向けられるようになりました。

10

Answer

最近になって中国の領土が確定し

戦力を国外に使えるようになったから。でも実は、細かな争いは継続中

解説

国土の面積が大きいゆえの宿命をもつ

ランドパワーの宿命から、隣接国との争いが続いた中国。しかし、90年代に積極的に国境問題の解決を進め、2000年代には**陸上の国境をほぼ確定**。これにより、国防に割いていた力を外へ向けることが可能になり、海

長らく行ってきた国境固めがようやく終結

1960 年代から近隣国との国境を固め始め、次々と国境を画定する協定を結んでいきました。そして、2000 年代にはほぼすべての国境が確定しました。

1960 年
中国・ミャンマー国境協定
中国・ネパール国境協定

1963 年
中国・アフガニスタン国境協定
中国・パキスタン国境協定

1991 年
ラオスとの国境協定

1993 年
ベトナムとの国境協定

1994 年
中国・カザフスタン国境協定

1999、2002 年
中国･タジキスタン国境協定締結

2004 年
ロシアとの国境がすべて確定

洋進出がはじまりました。

ただし、境界線の問題がすべて解決したわけではなく、たとえば、**国内の少数民族との対立は解消されていません。**中国は旧ソ連などとの緩衝地帯とするため、ウイグルやチベットを併合しましたが、同化政策は反発を招き、独立運動がくすぶっています。また、2023年に中国が公表した地図上で、**ロシアの支配地域を勝手に中国領に変更。**問題になってはいませんが、完全に国境が確定したわけではないのです。

中国が持つ"恐怖心"から民族対立や弾圧が続く

異民族に対する弾圧を長年続ける中国。1949年に中国の西南部にあるチベットに侵攻し、併合。中国の西側に居住するウイグル人に対しては近年、"再教育"を行う強制収容所を設け、百万人以上も収容するなど、激しさを増しています。

なんだか中国らしい勝手な国境線の変更

2008年の議定書で中ロの国境が確定している黒竜江省の東端エリア。しかし、2023年に中国自然資源省が発表した地図では、ロシア領である大ウスリー島の一部が中国領とされており、国境線を勝手に変えてしまったのです。現在、ロシアは「国境問題は解決済み」と静観していますが、地域の住民は困惑しているようです。

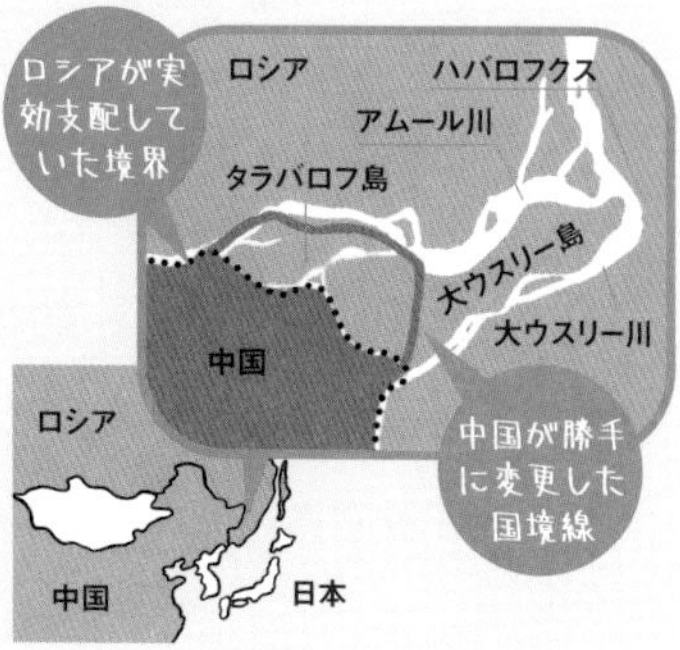

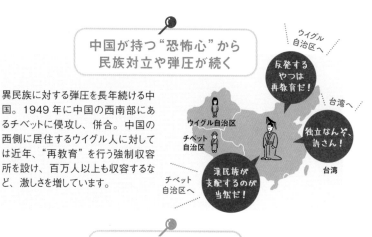

11

Question

明《ミン》以来、2度目！ 海に出る中国の いかにも“陸の国”らしい 海洋進出アプローチとは？

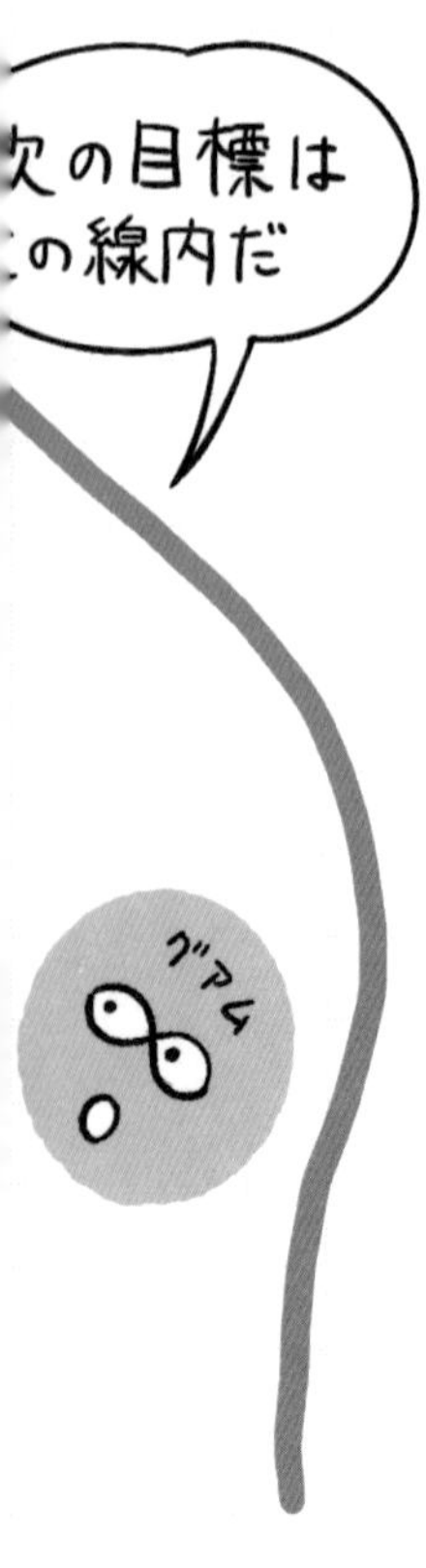

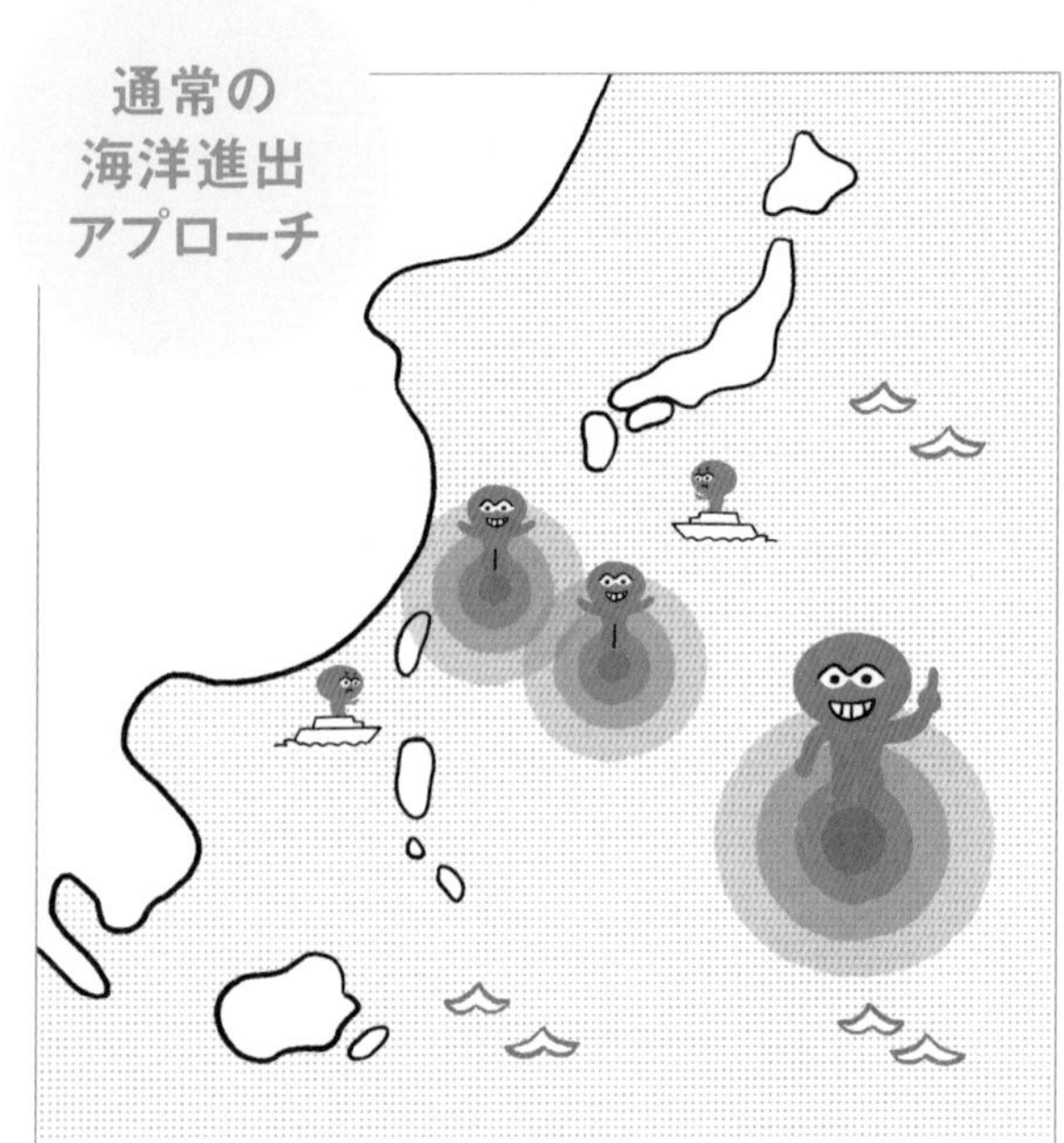

海を制すには、拠点を取るのが地政学の常識

P26でも紹介しましたが、海の覇権を握るには、島に拠点をつくり、そこから周囲の海域をコントロールするのが地政学の常識とされています。

中国のランドパワー的海洋進出アプローチ

海に線を引き、“面”で取ろうとする

国境という“線”の概念が強い中国は、海にも独自の線を引き、点ではなく、面で取ろうとしているのです。

中国のアプローチ

Answer 11

海上に線を引く!?

地政学的にはありえない軍事戦略「第一・第二列島線」

解説

独自の線を海に引きアメリカの接近を抑止する

海洋進出をする際、シーパワー国家は「拠点」を確保することを第一に考えます。つまり、まずは「点」をおさえ、そこから周囲ににらみを効かせてそのエリアをコントロール下に入れるのです。

ところが、ランドパワー

海上を「面で取る」という中国の列島線とは!?

列島線構想とは中国が提唱する、戦略展開の目標ラインのこと。ライン内における制海権の獲得を目指し、戦略の整備や海洋調査を行っています。太平洋上に描かれる第一列島線～第三列島線をおさえる計画です。

さらに、中国内部の構想には、第一～第三だけではなく、インド洋に描かれるパキスタンからスリランカ、ディエゴ・ガルシアに至る線や、ジブチからアフリカ東部や南アフリカなどを通る線も存在しているという説もあるようです。

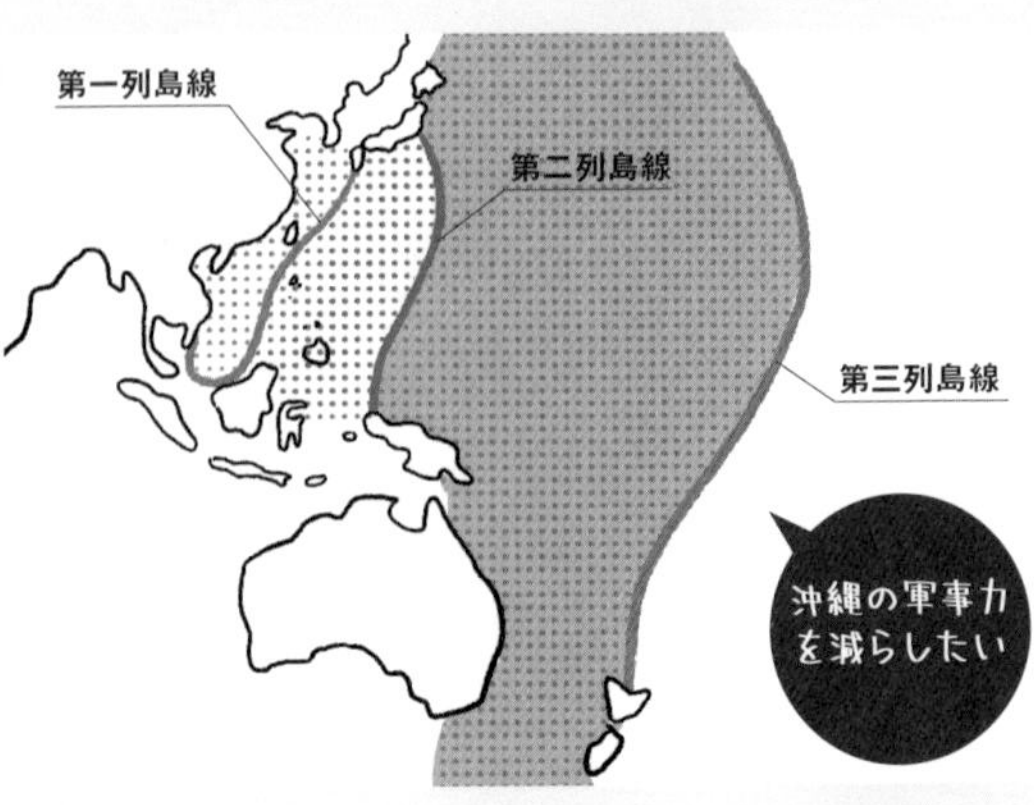

国家の中国は海も陸と同じように「面」で考えます。それが表れているのが、**「第一列島線」「第二列島線」という概念。**第一列島線とは、南西諸島〜台湾〜フィリピンを結ぶライン。**この列島線内に尖閣諸島もあります。**小笠原諸島〜グアム・サイパンをつなぐのが第二列島線。列島線内をおさえることでアメリカの勢力を排除しようとしているのです。ただし、難航しており、**かつての計画からはすでに遅れています。**

尖閣諸島にこだわるのは列島線の構想を実現させるため

第一列島線から第二列島線へ進むために重要な場所となるのが尖閣諸島。中国は1992年に「領海法」を制定し、尖閣諸島、南沙諸島、西沙諸島の領有権を一方的に主張。それ以降、頻繁に領海内を航行し、日本をけん制しています。

かつての計画からは大幅に遅れている……

1980年代に中国海軍が打ち出した計画では、2010年までには第一列島線を、2020年までには第二列島線をおさえるとしていました。しかし、計画通りには進んでおらず、計画よりも10年以上遅れています。

当初のスケジュール

1982〜2000年　〈再建期〉
中国沿岸地域の完全な防衛体制を整備

2000〜2010年　〈躍進前期〉
第一列島線内部の制海権を確保

いま このへん

2010〜2020年　〈躍進後期〉
第二列島線内部の制海権を確保

2020〜2040年　〈完成期〉
米海軍による太平洋、インド洋の独占的支配を阻止

〜2050年
米海軍と対等な海軍を建設

12 Question

中国と台湾が……????
巷でよく聞く台湾有事って リアルに何が起こる？

武力侵攻が難しい理由 ❶

台湾周辺の制空権はアメリカが絶対に譲らない

武力侵攻の場合、制空権の確保は必須の条件。しかし、米軍が譲ることは100％あり得ません。

武力侵攻が難しい理由 ❷

水中の争いは米海軍と海上自衛隊が圧倒的に優位

台湾周辺の海域、特に水中は、中国軍よりも、米海軍と海上自衛隊が地形の把握や練度などで優位に立っています。

武力侵攻が難しい理由 ❸

軍が上陸可能な場所がたったの２つ＋すでに対応済み

台湾で上陸可能なのは南北のおよそ2箇所しかなく、障害物を設置するなど、どちらも対応済みです。

中国の目的

- 祖国統一というイデオロギー
- 軍事的に有効な拠点を獲得する
- 世界最大級の半導体設備を手に入れる

武力以外の中国の工作例

- 中国本土系の国民党への支援
- YouTube などでプロパガンダを行う

最優先は政治的に寝返らせること!

中国
できれば無傷で手に入れたい

そもそも上陸戦は難易度が高く、成功が難しい作戦

元寇や沖縄戦、また映画『プライベート・ライアン』などで、一般的に知られている上陸作戦ですが、歴史的に見ると成功率が低く、難しい作戦です。

〈有名な上陸戦〉

元寇、ノルマンディー上陸作戦、
太平洋戦争の沖縄戦

上陸する側は隠れる場所がない
迎撃する側は高所から狙い撃てる

12

Answer

軍事戦略を考えると……

軍事的な衝突は中国の部が悪い！まずは中国へ寝返らせることを優先

解説

今のところ、すぐに台湾での武力衝突の可能性は低いが…

中国が目指す台湾との統一は、前ページで見たように武力での実現は難しいのが現状です。また、台湾には**世界最大級の半導体企業**があり、中国は無傷で手に入れたい思惑もあります。そのため、中国は武力侵攻ではなく、

世界のトップ10をねらえる規模！台湾のグローバルな半導体メーカー

台湾には、TSMCという非常に高い技術力をもった半導体受託メーカーがあります。競合は米国のIntelや韓国のサムスンなどですが、世界の半導体製造の約半分のシェアがあり、時価総額はなんと約60兆円にものぼります。これは世界トップ10に入るほどの規模です。

tsmc

国民党を支援しプロパガンダを行う中国

中国は台湾の国民党を支援し、2024年1月の選挙では、国民党を通じて経済的な支援をすると表明しています。また、裏では「台湾有事が起きても、アメリカは台湾を助けない」という疑米論を紹介する動画をインターネットで配信するなど、プロパガンダを展開しているようです。

アメリカは
助けてくれないのか！

台湾の人々の支持を集めることを優先し、**プロパガンダを展開**しています。ただし、近年の台湾では、6割以上の人が自らを中国とは異なる**「台湾人」だと考えるアイデンティティー**を持ちつつあるため、支持を得るのも難航しているようです。

台湾の政治に目を向けると、台湾には中国寄りの国民党と、リベラルな民進党、中間の民衆党があります。**現在、総統は民進党、立法院の第一党は国民党とねじれた状態**になっています。

不思議な歴史がある場所で、独自の自己認識を持った台湾人

中国との内戦に敗れ、逃れた場所で中華民国を樹立したという歴史を持つ台湾。台湾というのも場所の名前なのか、統治機構の名前なのかはっきりしません。しかし、近年では「台湾人である」という独自のアイデンティティを持つ人が6割を超え、中国人だと考える人は2%に過ぎません。

台湾で主流となった「台湾人」意識

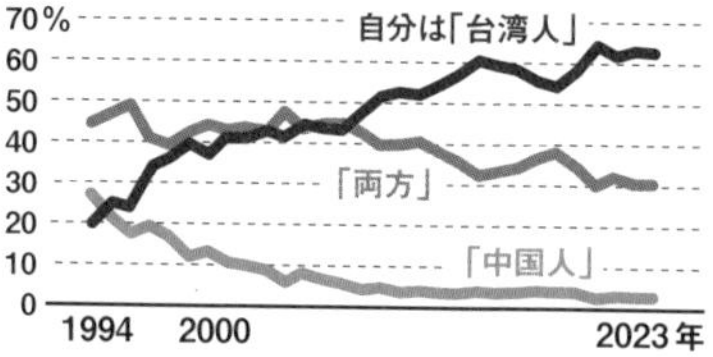

※ 無回答のぞく。23年は6月まで。台湾・政治大選挙研究センターの調査から

これぞ台湾のバランス感覚！総統はリベラル、議会は中国寄り

総統が民進党で、第一党が国民党というねじれた状態ともいえる台湾政府。中国とアメリカの間をとった状態を示した台湾らしいバランス感覚といえるかもしれません。

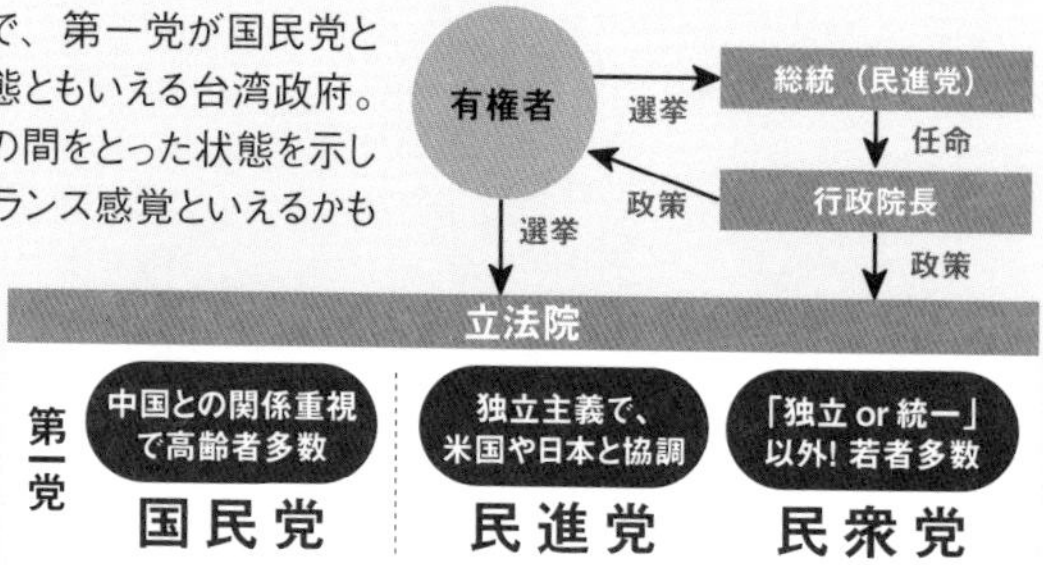

13

Question

現代版シルクロードといわれる「一帯一路」とは“いったい”どんな構想なの？

中国

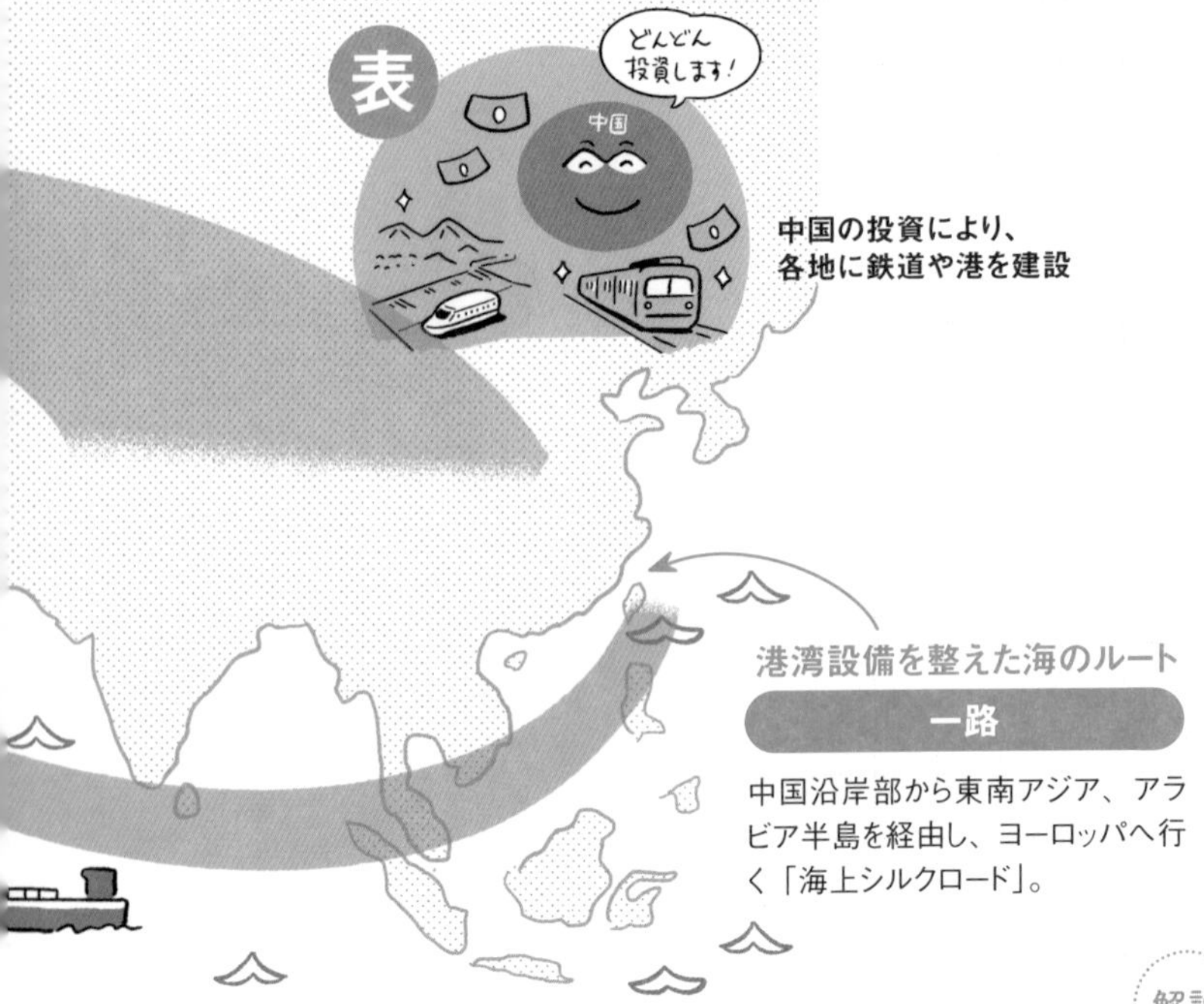
表
どんどん投資します！
中国
中国の投資により、
各地に鉄道や港を建設
港湾設備を整えた海のルート
一路
中国沿岸部から東南アジア、アラビア半島を経由し、ヨーロッパへ行く「海上シルクロード」。

解説

世界を豊かにする構想に見えるがその裏には……

現在の中国は、ランドパワーとシーパワーの両方を手に入れようとしているようです。それを象徴するのが、「一帯一路」構想。一帯とは中央アジアとヨーロッパをつなぐ陸上のルート、一路は南シナ海から地中海を結ぶ海上のルートのこと。中国の積極的な投資で、一帯一路上にある国々の陸海の物流インフラを整備して貿易を促進し、経済圏をつくろうという構想です。

Answer

シーパワーとランドパワーを両立させ 貿易を促進させる構想だが さまざまな問題があり、縮小気味

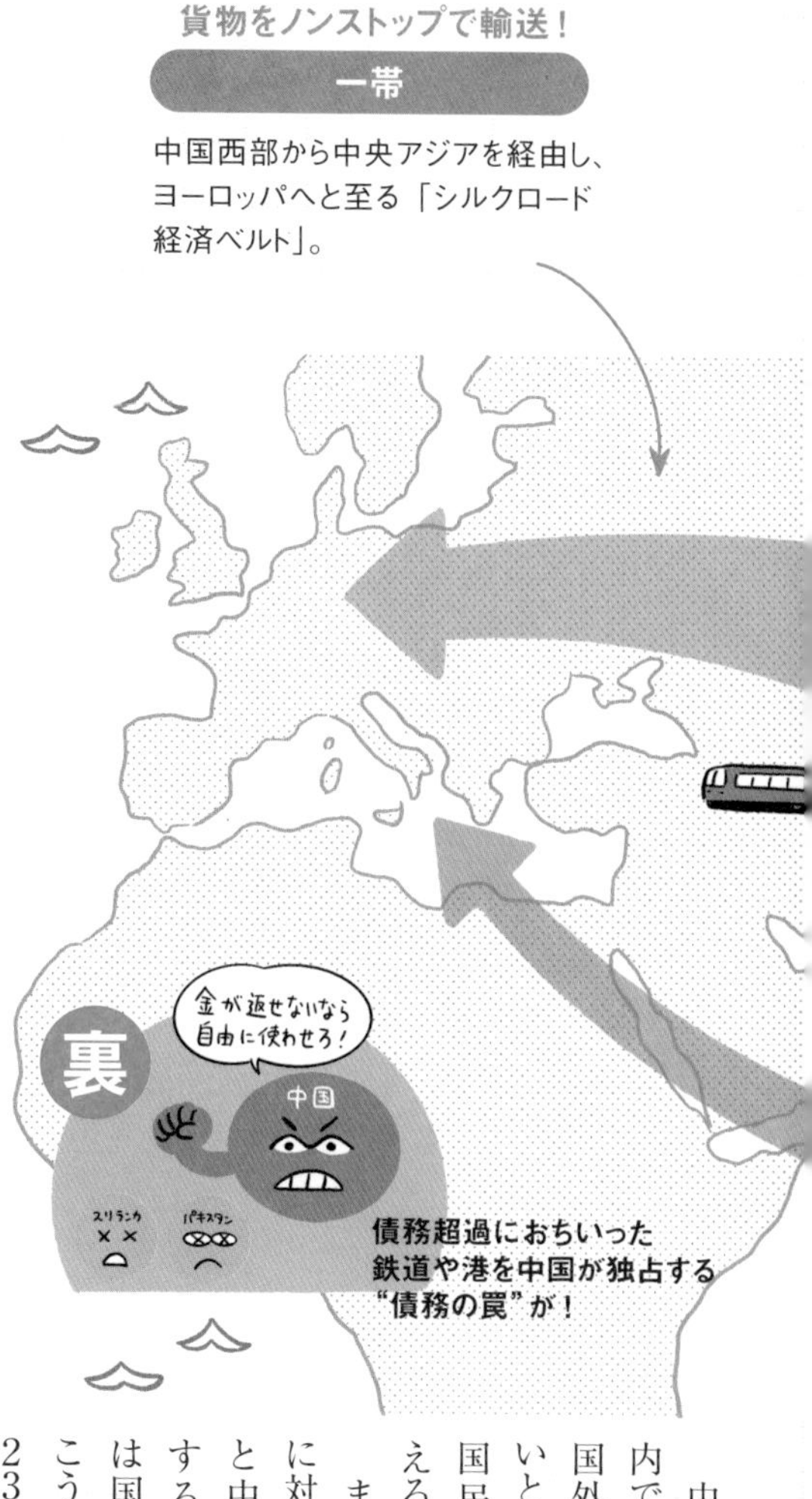
貨物をノンストップで輸送！
一帯
中国西部から中央アジアを経由し、ヨーロッパへと至る「シルクロード経済ベルト」。
裏
金が返せないなら自由に使わせろ！
中国
スリランカ
パキスタン
債務超過におちいった鉄道や港を中国が独占する“債務の罠”が！

中国の本音としては国内で過剰になった製品を国外で売って利益を得たいという思いや、14億の国民に国外で仕事を与える意図もあるようです。

また、中国の貸しつけに対し、返済不能になると中国が使用権を独占するという〝債務の罠〟は国際的に問題視され、こうした影響もあり2023年にはイタリアが一帯一路から脱退しています。

ランドとシーの力を両立し、存続できた国家はこれまでになく、一帯一路の先行きは不透明です。

14 Question

インドや東南アジアが反発!?

中国は水をめぐって周辺国と対立しているって本当?

〈チベット高原周辺のダム〉

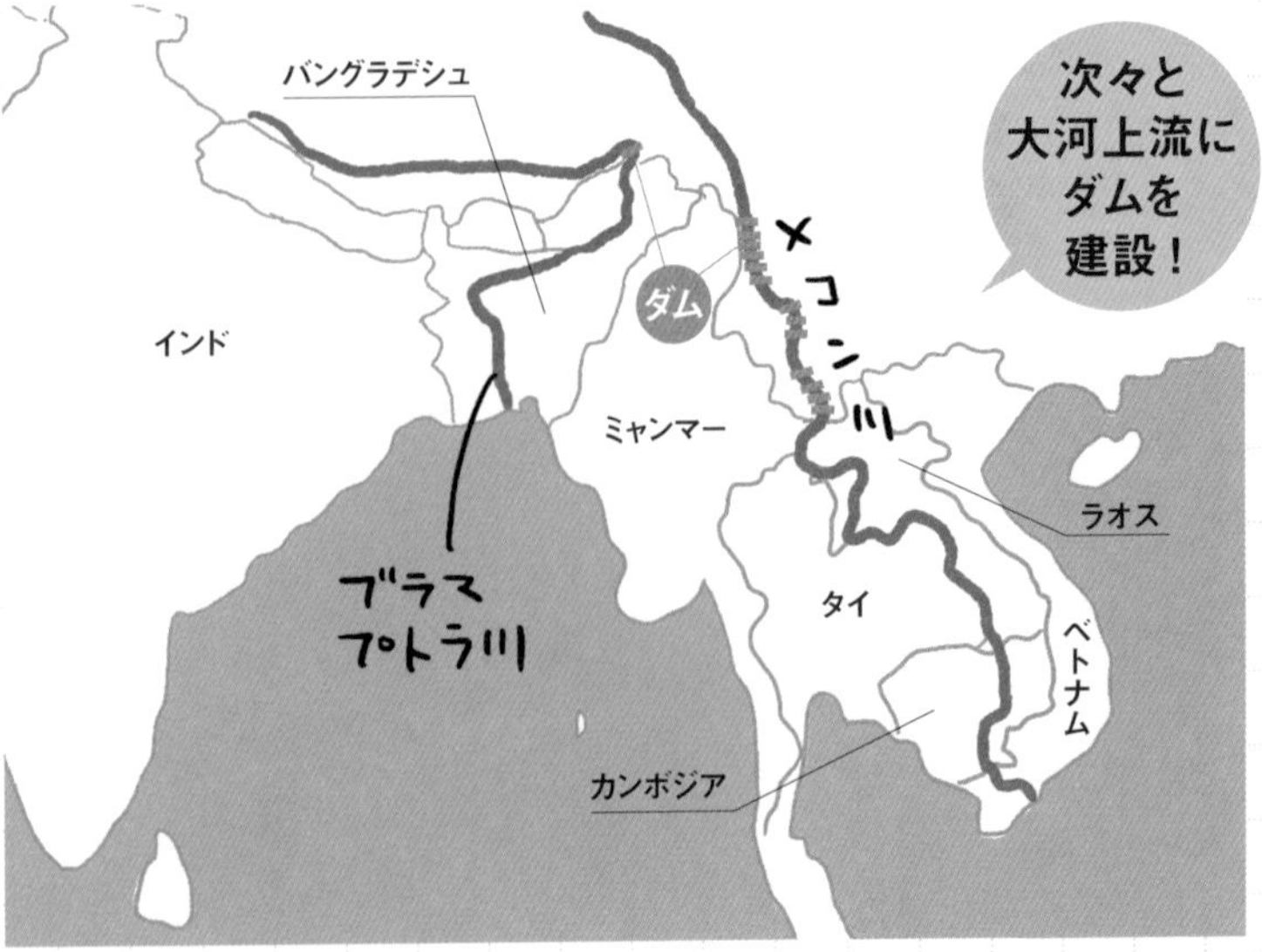

解説

上流でのダム建設が下流で大問題に

古くから水資源の確保は国家の最重要課題です。しかし、中国は地形的な制約もあり、都市への水の供給がうまくいかず、近年は水不足が深刻になっています。

そこで中国が目をつけたのがチベット高原です。このエリアの地下には豊富な水脈があり、この水はメコン川やブラマプトラ川へと至ります。これらの河川は中国はもちろん、インドや東南アジア全体

Answer

河川の下流の国では水不足になる可能性が！

上流にある中国のダム建設に反発している

〈上流の中国と下流にある国々〉

の重要な水源となっているのです。しかし、河川の上流にある中国は、いくつものダムを建設し、水の流れを東側に向かわせようと画策しています。

　これは下流にあるインドやバングラデシュ、ラオス、タイなどの国々にとって水量が減ることを意味しているため、彼らにとっては死活問題です。そのため、これらの国々は、中国の動きに対して激しく反発しており、近い将来、中国との間で「水戦争」が勃発する可能性がささやかれています。

中国

15 Question

習近平国家主席の思い描く 中国の未来とは?

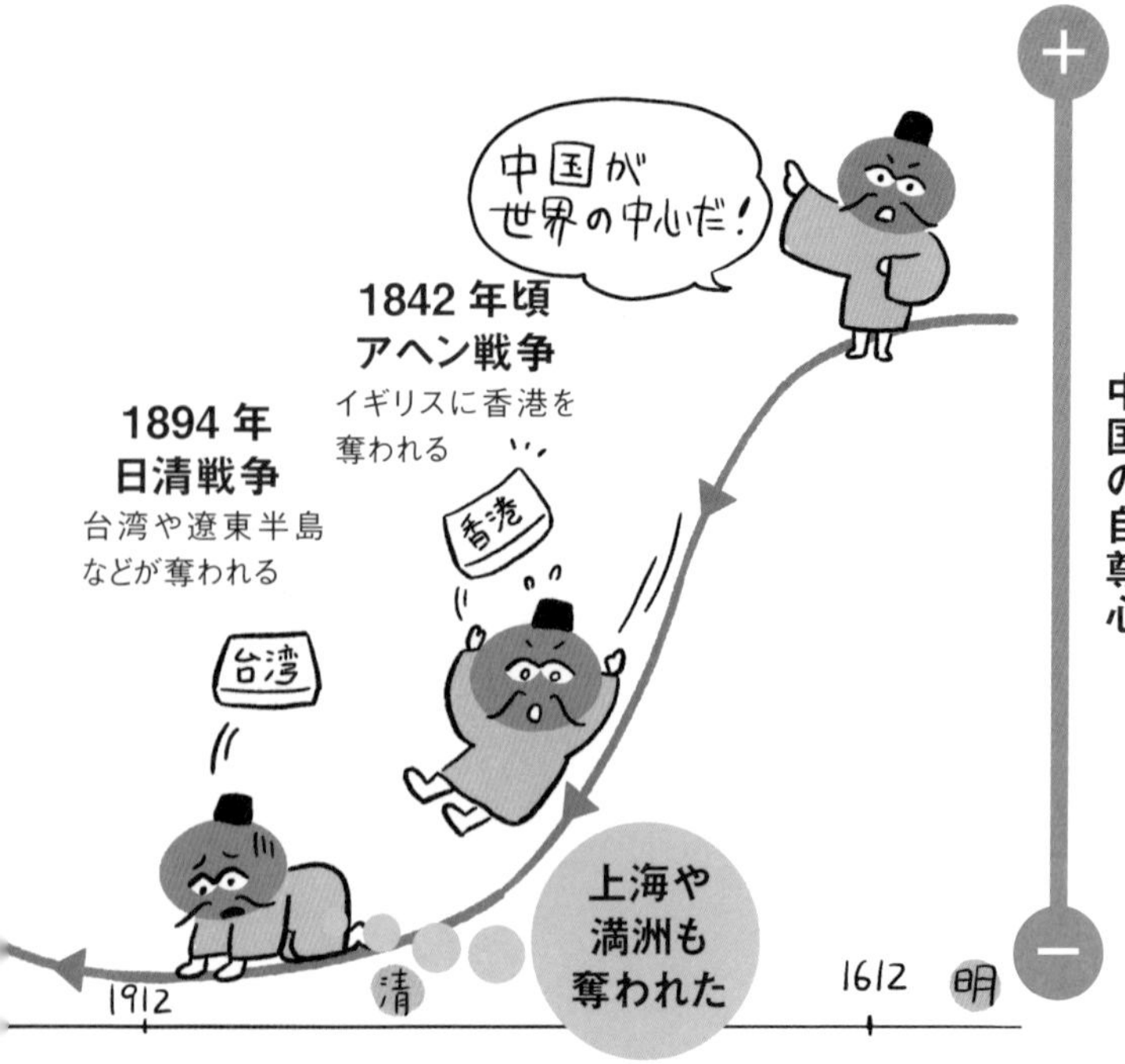
中国が
世界の中心だ！
1842年頃
アヘン戦争
イギリスに香港を
奪われる
1894年
日清戦争
台湾や遼東半島
などが奪われる
香港
台湾
上海や
満洲も
奪われた
1912
清
1612
明
中国の自尊心

解説

中華思想を胸に抱きリベンジに燃える

ひと言でいえば、「中国中心の中華帝国をつくる」こと。それが積極的に海洋進出を進める習近平国家主席の頭のなかにある構想だと考えられています。

若い人などは薄れてきているともいわれますが、P105でも紹介したように、中国の伝統的な意識としては「自分たちこそが世界の中心であり、周囲は蛮族である」という自負があります。実

Answer

まずはマイナスからゼロへ。

ゆくゆくは中国を中心とする大帝国を再建すること！

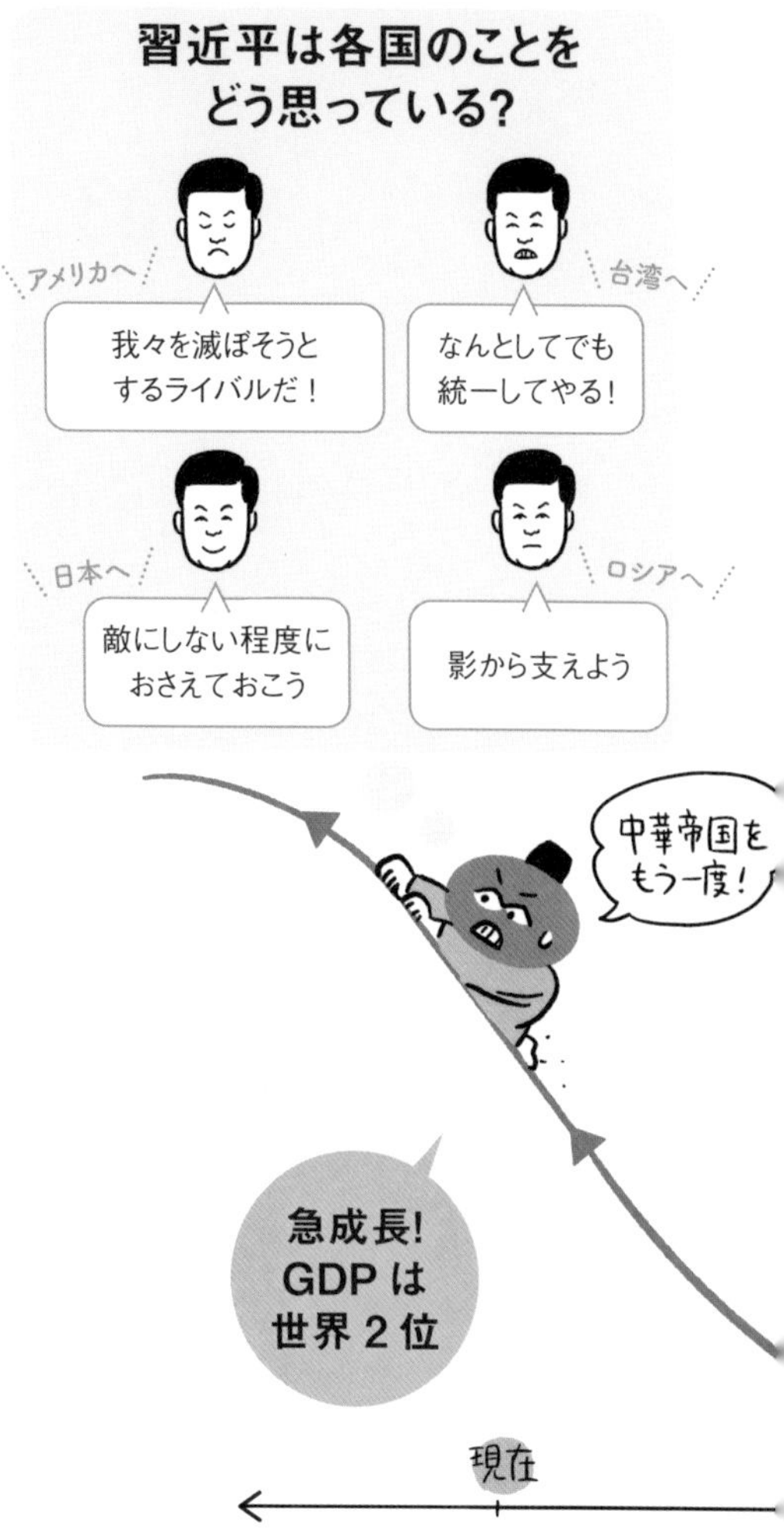
習近平は各国のことをどう思っている?
アメリカへ
我々を滅ぼそうとするライバルだ！
台湾へ
なんとしてでも統一してやる!
日本へ
敵にしない程度におさえておこう
ロシアへ
影から支えよう
中華帝国をもう一度!
急成長! GDPは世界2位
現在

際、19世紀前半までの中国は、世界最大の富強国家の1つだったのです。

しかし、アヘン戦争でイギリスに敗北し、日清戦争では日本にも敗れるなど、以降は半植民地状態に置かれる「屈辱の100年」を味わいます。

そこで、まずは奪われたものを取り返す、マイナスをゼロに戻そうと意欲を燃やしているのが現在の中国です。さらにゆくゆくは中華帝国を再興する、習近平国家主席の野望はそこにあるようです。

04

不動産バブル崩壊!? 先行きが不透明な中国国内の経済

P106やP108で紹介したように、2000年以降に飛躍的な経済発展を遂げて海洋進出を進め、世界の覇権国であるアメリカと競う立場にまで成長した中国。国内では長らく不動産が値上がり、好景気が続いていました。

しかし、ここ数年で大手の不動産開発会社が債務不履行になるなど不動産バブルが弾け、景気にもかげりが見えはじめています。ここでは、景気の現状や不況の原因といったマクロな視点ではなく、生活者の目線でリアルな実態を見てみましょう。

2023年5月と2023年12月、中国の平均的なモデル都市で、通行人に対してひと月の給与をたずねるインタビューが実施されました。その調査によると、わずか5月から12月の7カ月の間に、**平均して給与がなんと25～50%、教師や大学教授などの公務員でも約30%も減少**したという結果になったのです。“30%の減少”というのは、年収450万円であれば、315万円になるということであり、日本の会社員や公務員であれば余程のことがない限りはありえないほどの減少であることがわかるでしょう。

もちろん、これは統計的に正式な調査ではないため、中国全体の話とは言えませんが、少なくない生活者の給与が減少しているのは本当のようです。節約を余儀なくなれている人も多く、消費が落ち込み、景気の低迷が加速しています。

また、中国の不動産バブル崩壊は、**かつての日本のバブル崩壊と比べても、桁違いの規模になる**という予測があります。というのも、中国では、資産は貯金するのではなく、土地や建物などの不動産にするという人が多く、例えば資産が 1500 万円あれば、1200 万円でアパートを購入するといったように、資産を不動産として所有している人が少なくありません。さらに、資産が 500 万円しかない人が、銀行からお金を借りて 1200 万円のアパートを購入しているケースも多いのです。

しかし、景気が低迷していくなかで、中国では 1200 万円を支払ったのにも関わらず、建設がストップしてしまう事態が頻発しており、そうなると建物としての価値は 0。バブル崩壊で土地の評価額が下がり、さらに建物の価値もまったくないどころか、場合によっては使えない建物を撤去する費用が必要なため、資産ではなく負債になってしまう可能性があるのです。

現在、中国の国内では、こうした現状があり、今後、中国経済は世界でも未曾有の大きな混乱になる可能性が指摘されています。

Geopolitics Column

05

広大な領域を支配！ 地政学でよく登場する 歴史上の大国

世界の広大な領域に影響力を持っていた、かつての大英帝国や、大航海時代のスペインやポルトガル。歴史上、こうした大国は何度か登場し、世界に威光を放ちながらも、徐々に衰退し、滅亡していきました。ここで地政学でしばしば登場する２つの大国を紹介します。

まず、紀元前 27 年頃〜紀元 395 年まで、ヨーロッパに存在した大国のローマ帝国です。最盛期には、現在のイタリアを中心に、地中海一帯の数多くの民族を支配しました。地政学の研究では、**ローマ帝国は「海と陸の支配の両立」を目指し、拡大しすぎたことが滅亡の大きな原因の１つ**といわれています。

２つめは、オスマン帝国。13 世紀末から 20 世紀という非常に長い期間にわたって存在し、最盛期にはアフリカ大陸北部から東欧、中東の一部を支配しました。この大国を起源とするのが現在のトルコです。P141 でも紹介しますが、**オスマン帝国は優れた統治を行い、宗教や民族の対立はあまり起こりません**でした。しかし、オスマン帝国の影響力が衰えて統治が難しくなった頃、第一次世界大戦が起こりました。その最中に英仏露で結んだオスマン帝国を分割するサイクス・ピコ協定が、今日の中東の混乱の一因となっています。

Chapter
4
Other places Geopolitics

さまざまな思惑が複雑に絡み合う

アジア・中東・ヨーロッパの地政学

ロシアやアメリカと比べると、国土の小さな国家が
集まったアジアやヨーロッパ、中東。
大国に翻弄されながらも、自国を守るために
独自の地政学戦略を展開しています。

の特徴

数々の小国と、世界に台頭する大国が存在するアジア。各国の戦略と、今後の展望とは?

I 外交

大国を天秤にかける 駆け引きが得意な小国が集まる

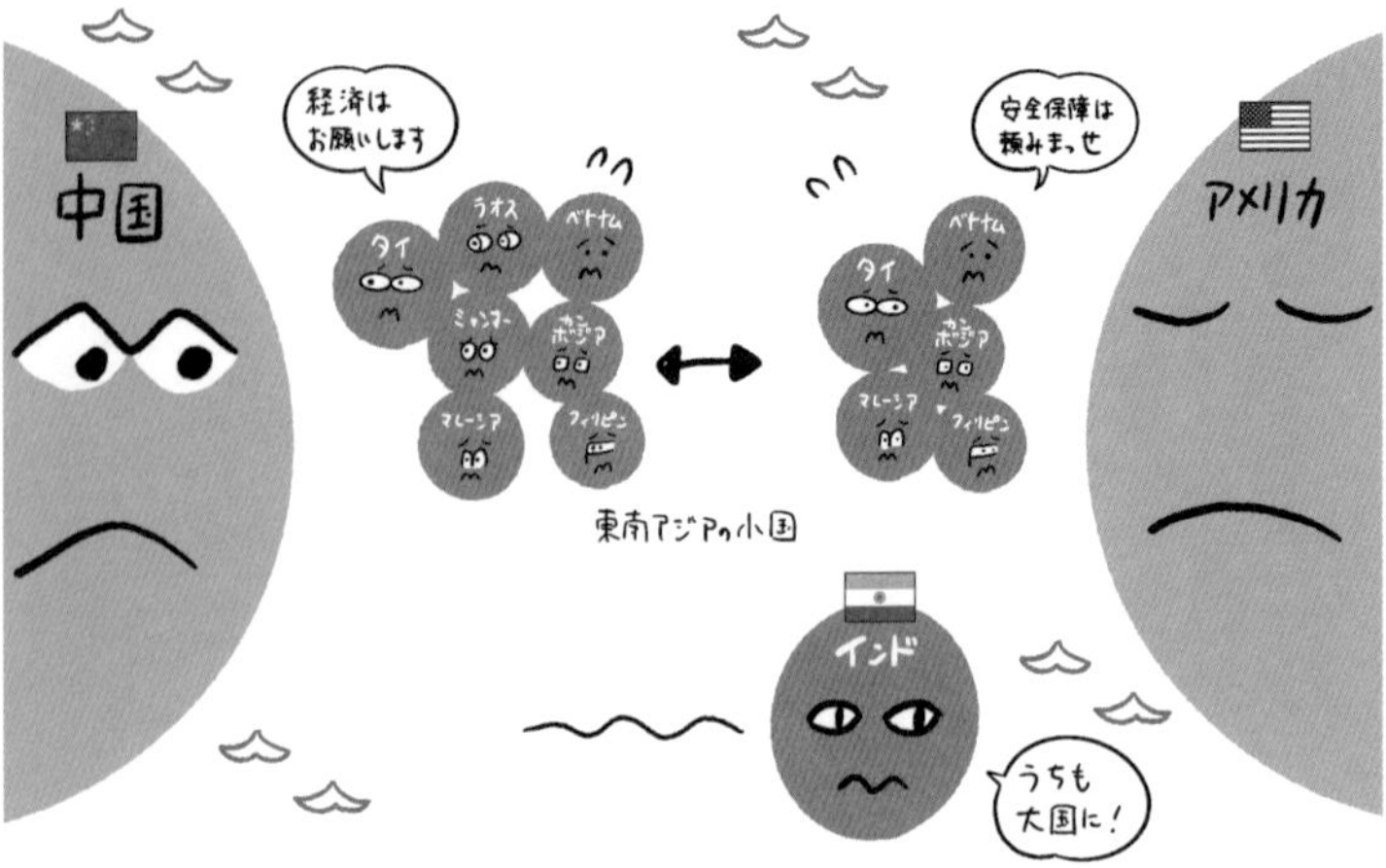

解説

海洋国家と大陸国家の間で翻弄される地域

中国とインドに挟まれる位置に、ベトナムやタイなどの国土の小さな国がひしめき合うアジア。地政学的には、アジアの沿岸地帯はリムランドであり、歴史的に見てもランドパワーとシーパワーの衝突が絶えない地域でした。

近年では、大陸国家の中国による、南シナ海での勢力拡大の行動が目立ち、それに対し海洋国家のアメリカは、軍艦を派遣し、中国をけん制しています。ただし、東南アジア諸国は、国力が高くないため、経済面では中国に、安全保障面ではアメリカに依存し、両国を天秤にかけています。

地政学で考えるアジア

II 文化
東南アジアはインド・中華・ペルシャの3つの文化圏に分かれている

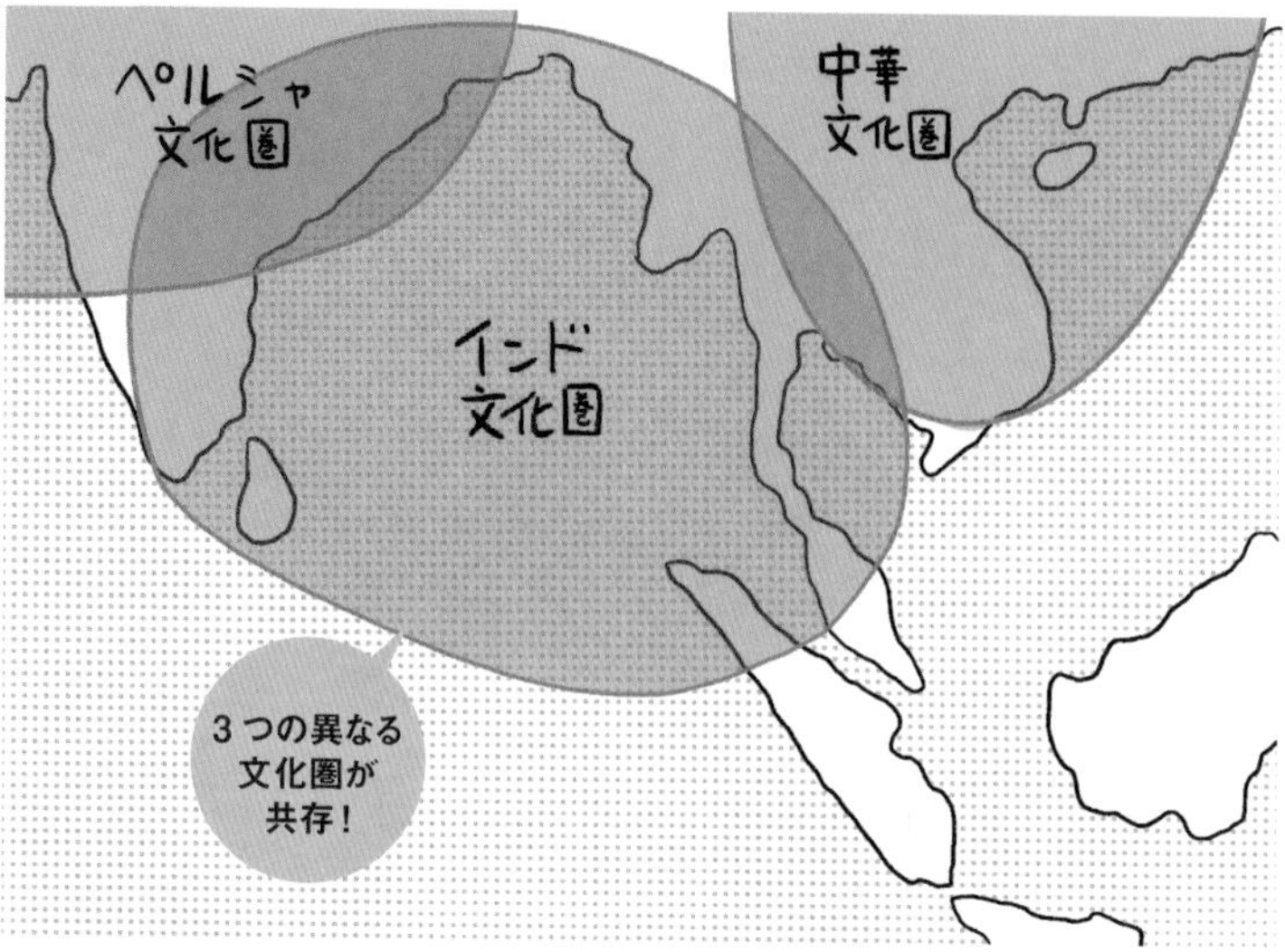

海に接する面積が広く、多数の小さな島もある東南アジア。古くから1つの国で大きな力を持つことが難しく、周辺の強国に大きく影響を受けてきたため、地域によって大きく3つの文化圏に分かれています。

インド文化圏

タイやカンボジア、マレーシアなどは、文字や語彙、宗教などの面で、インドの影響が強い。

中華文化圏

特にベトナム北部のあたりは、古くから中国の影響を強く受けてきた。

ペルシャ文化圏

現在でもイスラム教の信者が多く、タージ・マハルなどペルシャの影響が大きい。

01 Question

中国の裏で実は急成長
台頭するインドと中国の対立について教えて!

中国

南シナ海からインド洋、アラビア半島のルートを確保する戦略。インド洋のスリランカの港を一帯一路で入手し、インドをけん制しています。

インドの台頭 1

2023 年に中国の人口を抜いて世界 1 位になり、経済規模も拡大中。世界最大の民主主義国家でもあります。

インドの台頭 2

インドは核保有国であり、最近は世界で第 2 位の武器輸入国。

インドの台頭 3

世界中の石油タンカーが通るインド洋に面し、地理的に優位。

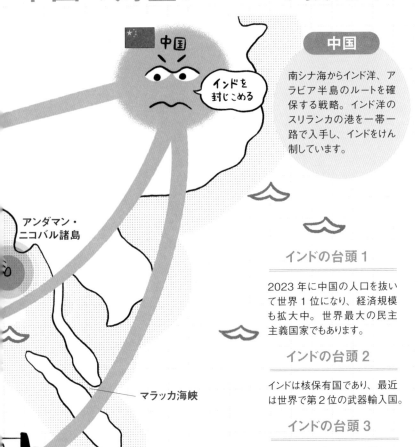

中国解放軍とインド軍の間で国境紛争が発生

インドと中国の対立

2020年、国境を接する中国のチベット自治区とインドのラダック地方で国境紛争が発生し、両軍の兵士に死者が出ました。

インド

アフリカ東部や東南アジアとの連携を進める構想で中国に対抗。アンダマン・ニコバル諸島がインド洋をめぐる戦略の要所になっています。

石油ルートの主導権をめぐり中国とインドが対立

インドと中国の対立

急成長中のインドは、世界中の石油タンカーが通過するインド洋をめぐり、独自戦略を展開して、海洋進出をする中国と対立しています。

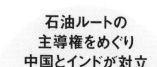

01

Answer

インド洋で火花が散る！

急成長するインドと中国は石油のルートの確保が重要課題

解説

インド洋での影響力を拡大することが重要に

インドが世界的に注目を集めているのには、いくつかの理由があります。まずは人口と経済規模の拡大率。２０２３年に、世界１位の人口になり、経済規模も２０５０年までには世界３位になるといわれています。また、

経済成長が目覚ましいインド。2050 年には米中に追いつく!?

毎年約 2500 万人の出生数をほこるインド。2023 年に中国の人口を抜き、世界で最も人口の多い国になりました。また、人口 14 億人のうち半数以上を 25 歳以下が占め、平均年齢が 48 歳の日本に比べ、インドの平均年齢は 28 歳。若い世代の人口が非常に多いのも、インドの台頭が予測される理由の 1 つです。

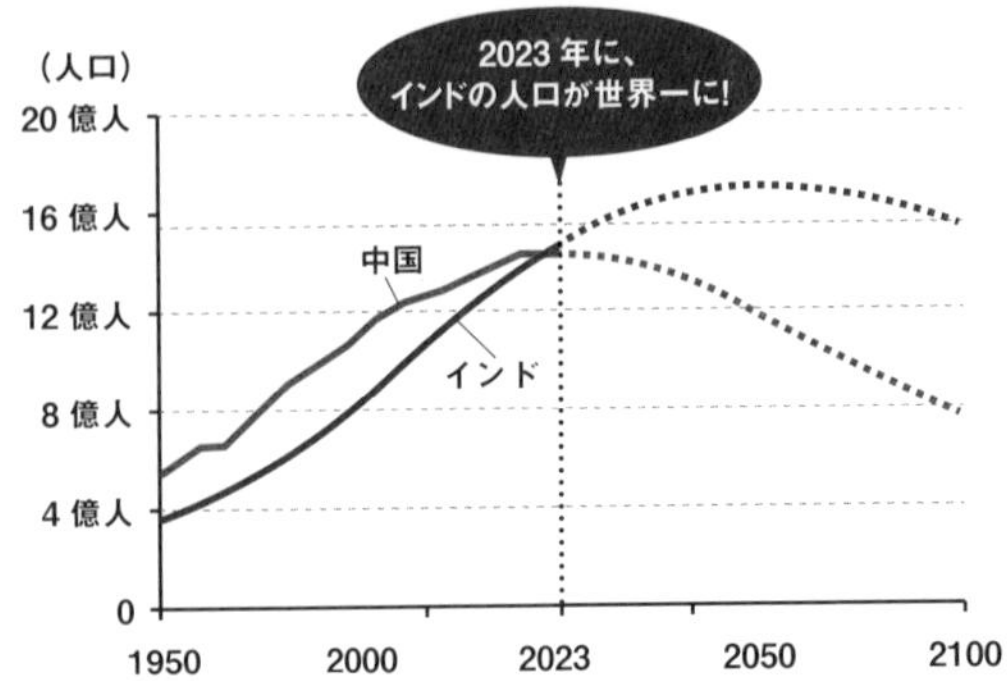

国連のデータに基づく。2023 年以降は推計値

▼

人口増加に伴い、ますます石油の確保が重要に！

石油関連製品が通過する要所であるインド洋に面していることも、注目される理由の1つ。石油の消費量が増加する中国にとっても、インド洋は重要なため、石油ルートの確保を急いでいるのです。インド洋では、中国がスリランカ、インドがアンダマン・ニコバル諸島を拠点に、けん制し合っています。

　また、2020年にはインドと中国の国境付近で、軍事的な衝突が発生しており、両国は対立しています。

石油ルートの要所であるインド洋をめぐるインドと中国の対立

中国が輸入する原油の約半分がマラッカ海峡を通過しており、万が一封鎖された場合、中国は危機的な状況になります。そのため中国は、パキスタンなどに港を建設したり、ロシアからの輸入を増やしたりして、別ルートの確保を加速しています。これに対しインドは、アフリカや東南アジアなどとの協力関係を強め、中国のルートを外側から包囲する構想で対抗しています。中国はインド近くのスリランカ島に港を持ち、インドはアンダマン・ニコバル諸島という領土があり、お互いのルートを見張っています。

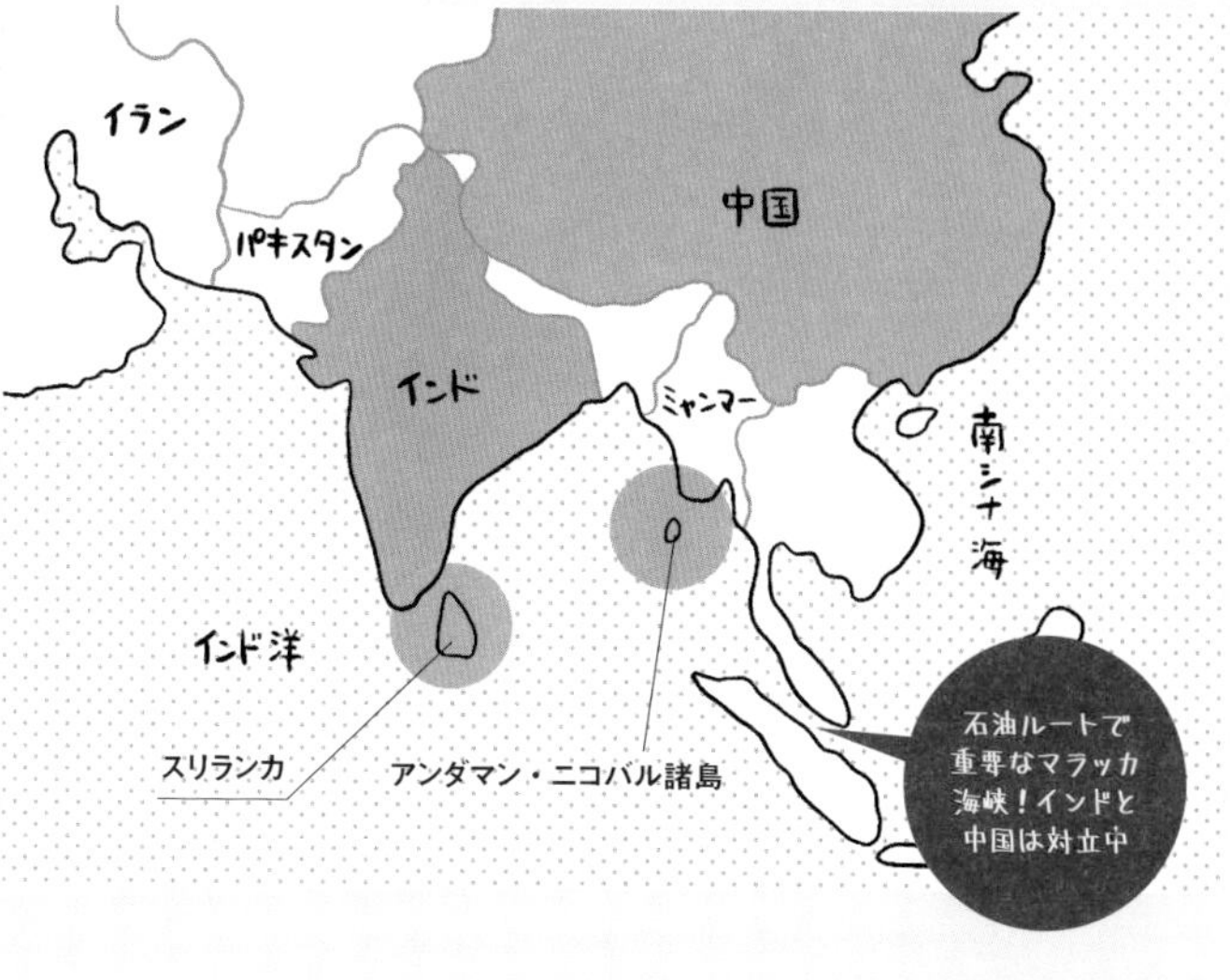

02 Question

東南アジアのベトナム・ラオス・カンボジア・タイと米中の関係って？

東南アジアとの関係1

国境を接するベトナムは中国と敵対する宿命に

ベトナムは、国境を接する中国と対立し、領土・領海でにらみ合いを続けています。一方、アメリカとは協調しています。

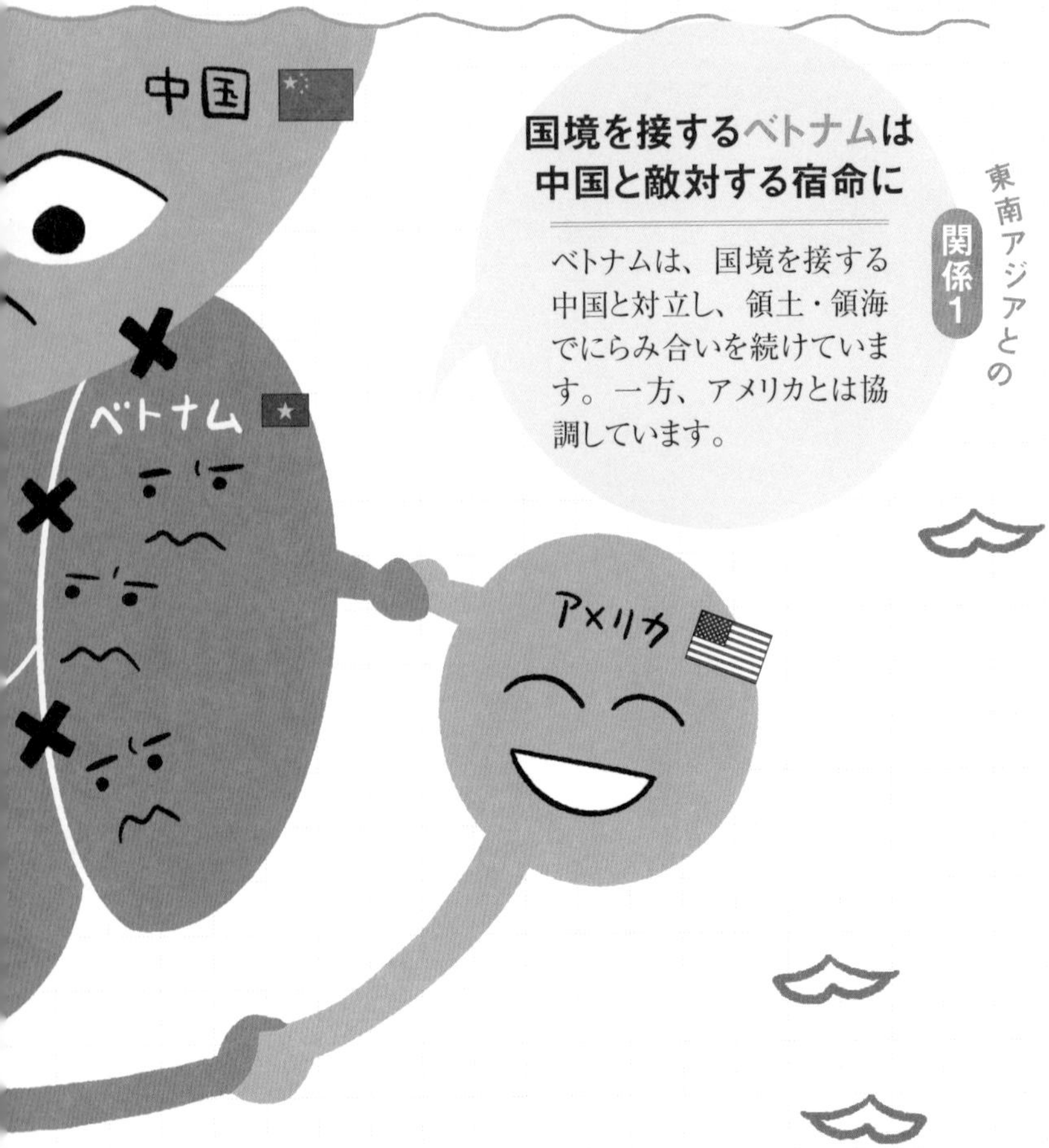

〈周辺国の地図〉

関係2

ラオス・カンボジアは中国の支援を受け、ベトナムに対抗

ラオス・カンボジアは中国の支援を受けながら、共通の敵であるベトナムをけん制しています。

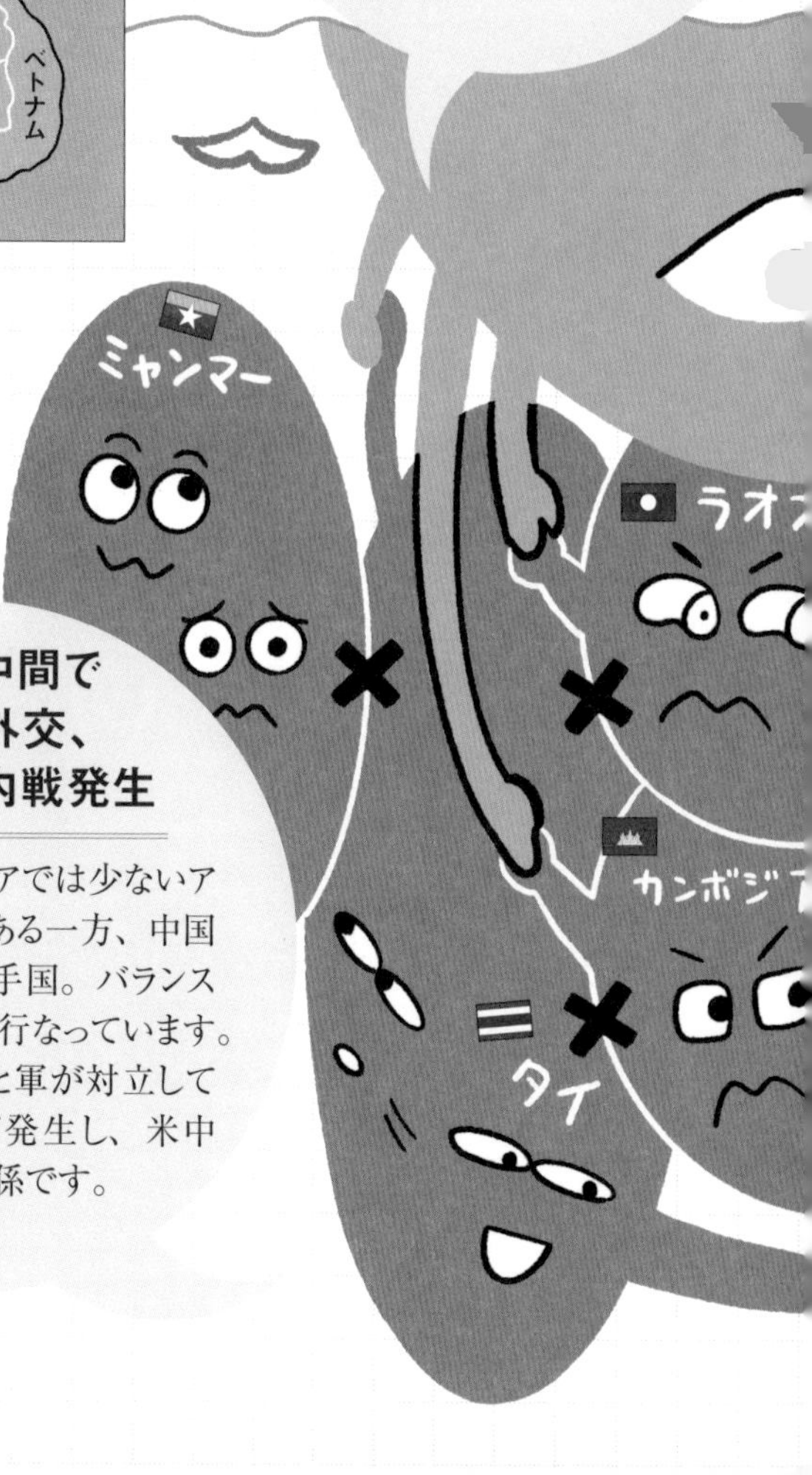

関係3 東南アジアとの

タイは米中間でバランス外交、ミャンマーは内戦発生

タイは、東南アジアでは少ないアメリカの同盟国である一方、中国が最大の貿易相手国。バランスを見ながら外交を行なっています。ミャンマーは市民と軍が対立して2021年に内戦が発生し、米中両国とも微妙な関係です。

02

Answer

中国依存が色濃い

東南アジアは米中とのバランス外交が避けられない

解説

経済依存と安全保障の間で揺れる東南アジア

東南アジアの諸国は、1つの国では国力が低く、中国への経済依存が避けられません。一方で、アメリカからも支援を受けるなど、両国間でのバランスを保っています。

ベトナムと中国は、同じ共産主義の国家であ

年々経済的な影響力を増す中国。対中輸入が40%以上の国も

中国は10年以上、ASEAN諸国にとって最大の貿易国です。中国が進める一帯一路構想により、中国とASEAN諸国の相互輸出入の割合は年々増加し、その関係性はさらに深まっています。なかでも、ラオスは中国への輸出が全体の30%超で、カンボジア、ベトナムは対中国の輸入が30%以上も占めています。

ASEAN 諸国の対中国における輸出入の割合

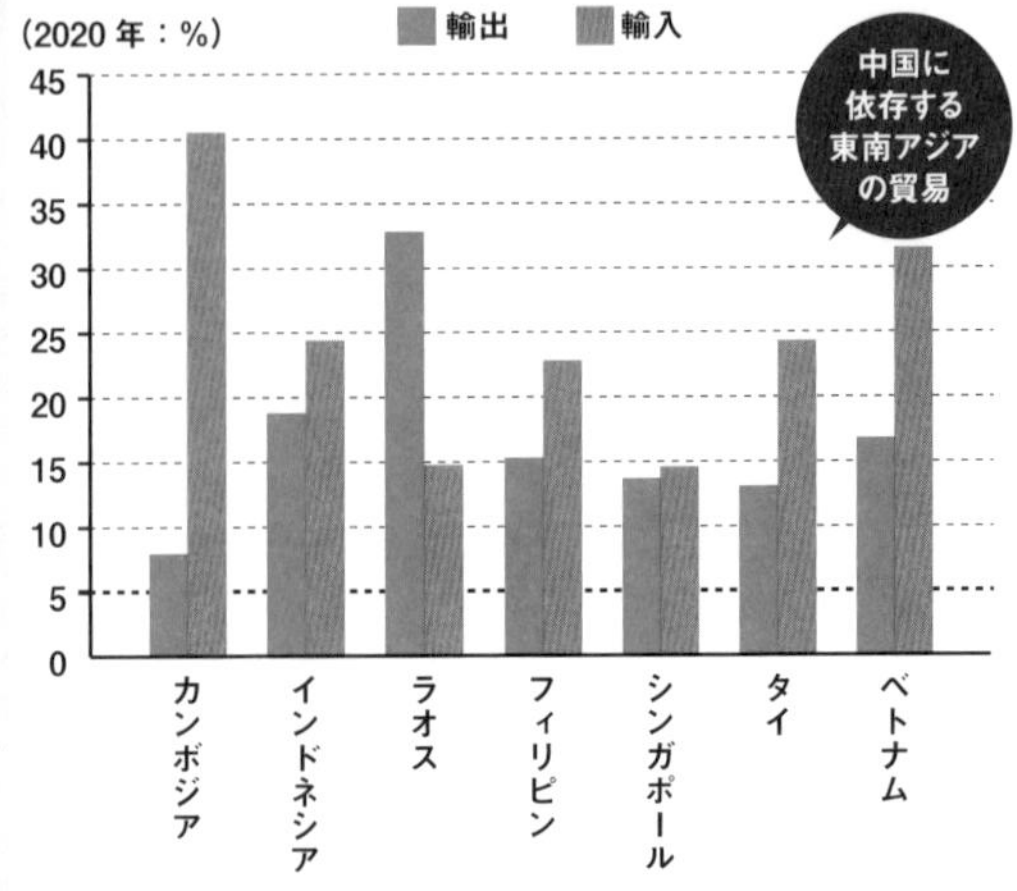

り、政治などの面で協調することもありますが、基本的には不仲であり、近年では南シナ海でのにらみ合いも激化。一方、アメリカとは、経済や安全保障などにおいては、協力関係が深まりつつあります。

ラオスとカンボジアは、中国の力を借り、敵対するベトナムをけん制しています。

タイは、中国とは経済協力関係を深めつつも、アメリカとの同盟関係は維持するなど、「バランス外交」を昔からの基本姿勢としています。

東南アジア諸国と米中各国との関係

中国とASEAN諸国の関係性は、大まかに3つに分けられます。まず1つ目は、中国への経済依存が年々増している、中国寄りの国。カンボジア、ラオスがその代表です。2つ目が、米中どちらとも仲の良いタイやブルネイなどです。3つ目が、中国と南沙諸島埋め立てでもめている、アメリカ寄りのベトナム、フィリピン、そしてシンガポールです。マレーシアは米中両方と一定の距離を保っています。

東南アジア諸国と米中各国との関係

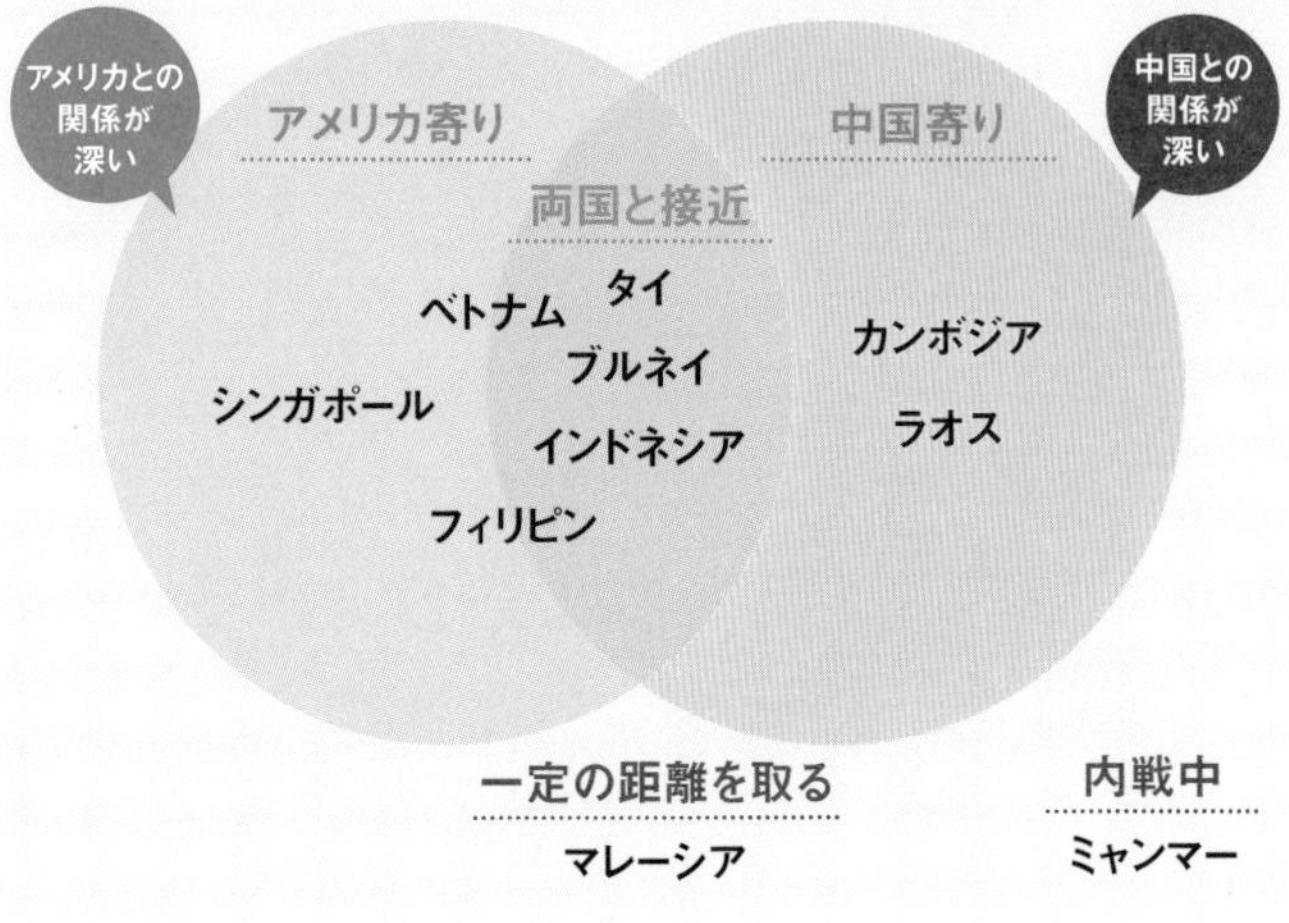

03 Question

小さな都市国家なのに シンガポールが発展したのは 地政学的な優位性のおかげ?

アジア

アジアでは
遠いエリアである
日本でも
飛行機で
6～7時間

解説

地の利を生かし世界有数の経済大国に

奄美大島くらいの国土面積にもかかわらず、一人当たりのGDPが日本の2.5倍もあるシンガポール。急速な発展ができた要因には、地政学的な優位性にあります。

まず、マラッカ海峡至近の場所であること。シンガポール港には、マラッカ海峡を通る船が多く寄港し、港費収入も多く、ハブ港として栄えました。また、地理的にアジアの中心であり、各国へのアクセスが良いことも発展の理由です。それを生かしたのが初代首相のリー・クアンユー。積極的に外資企業を誘致し、税制上の優遇措置を設けたり、通信や交通などのインフラを整備したりした結果、急成長し、アジアのビジネス拠点になったのです。

Answer

初代首相による施策で「アジアの中心」「マラッカ海峡に至近」という利点を生かして発展

優位性1
アジアの“ハブ”としての高いポテンシャル
シンガポール
マラッカ海峡
優位性2
チョーク・ポイントであるマラッカ海峡と接し、貿易の拠点に

の特徴

多くの人が中東の混沌とした状況は知っているでしょう。混沌の原因はどこにあるのでしょうか?

I 地理

古くは貿易の中継地、近年は石油の産出地や宗教の中心地として常に世界の要所

古い時代 → **現代**

古い時代：ヨーロッパとアジアの貿易の中継地として発達。

現代：主要なエネルギー資源である石油を世界中に輸出。

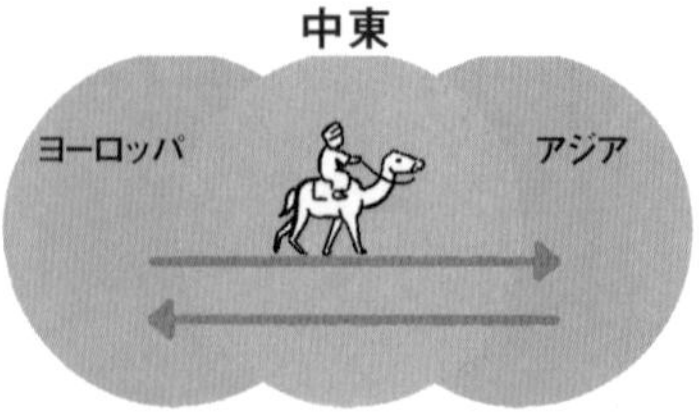

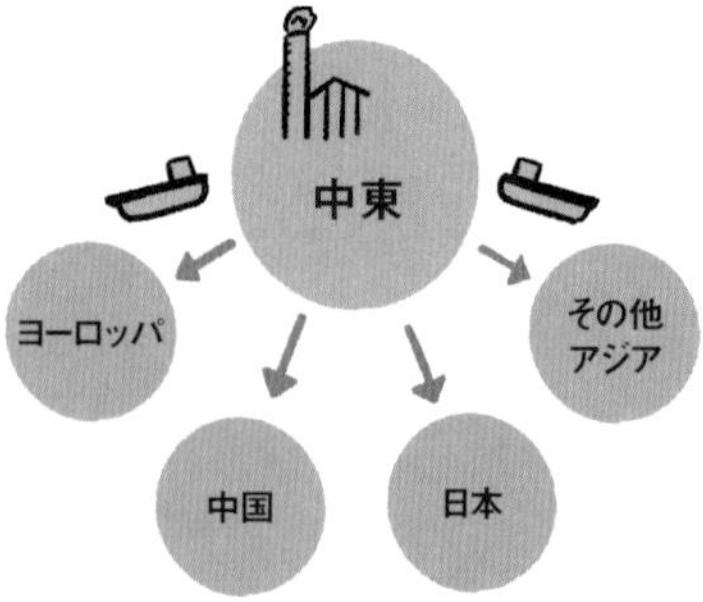

II 歴史

オスマン帝国の時代は平和だったが……世界でもっとも混迷をきわめるエリアに

①強大な帝国から英仏露の支配下へ

東欧から北アフリカ、中東を支配したオスマン帝国が滅び、西欧の植民地に。

②各地に独裁的な指導者が誕生

第二次世界大戦後、植民地から独立し、各地でフセインなどの独裁者が乱立。

③独裁的な指導者が倒れ、民主化運動が進む

ソ連崩壊・湾岸戦争を経て、独裁政権が倒され、「アラブの春※」が起こる。

④政治的空白が発生し、さらに混迷

宗派対立や部族紛争が多発し、政府の力が及ばない空白が生まれ、ISも誕生。

※アラブの春：政権交代まで至ったアラブ諸国の民主化運動の総称

地政学で考える中東

III 衝突

中東が混迷する原因の１つは、英仏露が人工的に領土分割したサイクス・ピコ協定

オスマン帝国時代

オスマン帝国は安定した統治を行っており、対立はほとんどありませんでした。

民族

イラン人・アラブ人・トルコ人・クルド人など

宗派

スンニ派（イスラム教）

経典を重視する。約９割の多数派で、貧困層が多い。

シーア派（イスラム教）

血統を重視する。約１割の少数派で、富裕層が多い。

第一次世界大戦後

西欧諸国が進出し、当時の秩序を破壊する統治を始めます。

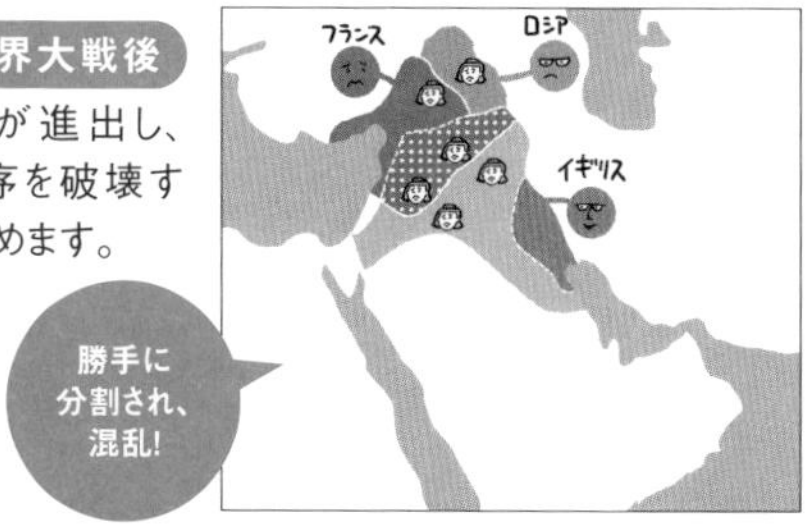

サイクス・ピコ協定

英仏露による、それまでの分布を無視した分割が以降の混乱の引き金に。

サイクス・ピコ協定の影響

中東のいくつかの国で、以下のことが発生。

- **宗教や民族的に統一感がなく、国への帰属意識や、国を立て直す意識が低い**
- **長らく他国が統治する傀儡《かいらい》国家だったため自ら統治しづらく、独裁的な指導者でないと国を治めにくい**

解説

中東がここまで混迷するきっかけはある密約

古くは貿易の中継地、近年は石油の産出地や宗教の中心地として、常に世界的な要所である中東。衝突が頻発する現代とは異なり、オスマン帝国の時代は、安定した統治のおかげで平和でした。

混乱のきっかけの1つは、1916年に**英仏露でオスマン帝国の分割方法を決めたサイクス・ピコ協定**。この協定により、中東は人工的な国

イギリスにはサイクス・ピコ協定以外にも矛盾する２つの密約があった

イギリスは、「サイクス・ピコ協定」と同時期に、矛盾する２つの密約も結んでいます。１つが「バルフォア宣言」。ユダヤ人から戦費提供を受ける代わりにパレスチナにユダヤ人国家を認めるというもの。もう１つが「フセイン・マクマホン協定」で、アラブ人がオスマン帝国に反乱すれば、アラブ人国家建設を約束するという密約です。

まずは大まかに理解しよう①中東各国の民族や宗派などの特徴

	イラン	サウジアラビア	トルコ	シリア	イスラエル
主な民族	ペルシャ人	アラブ人	トルコ人 （クルド人※）	アラブ人 （クルド人※）	ユダヤ人 （アラブ人※）
主な宗派	シーア派	スンニ派 （より厳格なワッハーブ派）	スンニ派	シーア派 （支配層。多数はスンニ派）	ユダヤ教、イスラム教、キリスト教
核の保有	将来的に○	イランが持つなら○	将来的に○	おそらく×	おそらく○
アメリカとの関係	反米	親米	???	反米	親米

※国内にいるほかの民族

境線で分割され、3国の植民地になりました。分断により混乱したのはもちろん、植民地から独立したあとも、**「宗教・民族的なまとまりがないため国という感覚が薄い」**「独裁者でないと統治しにくい」など、長期化する中東諸国の混乱の一因になっているのです。

　現在、中東は、宗教・民族の対立を背景にした国家間の争いに加え、石油に関係する大国の利害、さらに核開発の問題も絡み、まさに**カオスといえる状態**が続いています。

まずは大まかに理解しよう②
注目すべき中東の国々の関係

現在、中東で注目すべき国は、シリア・イラン・サウジアラビア・イスラエル・トルコの5カ国。地政学的にはアメリカのシーパワー勢力がイスラエルとサウジアラビアで、シリアは国内でいくつもの派閥に分かれて対立中、トルコはシーパワー側から少しずつ離れる動きがあります。イランはアメリカやEUなどのシーパワー側と対立しています。現在は、イスラエルとハマスの争いにイランも加わり、混乱が加速しています。

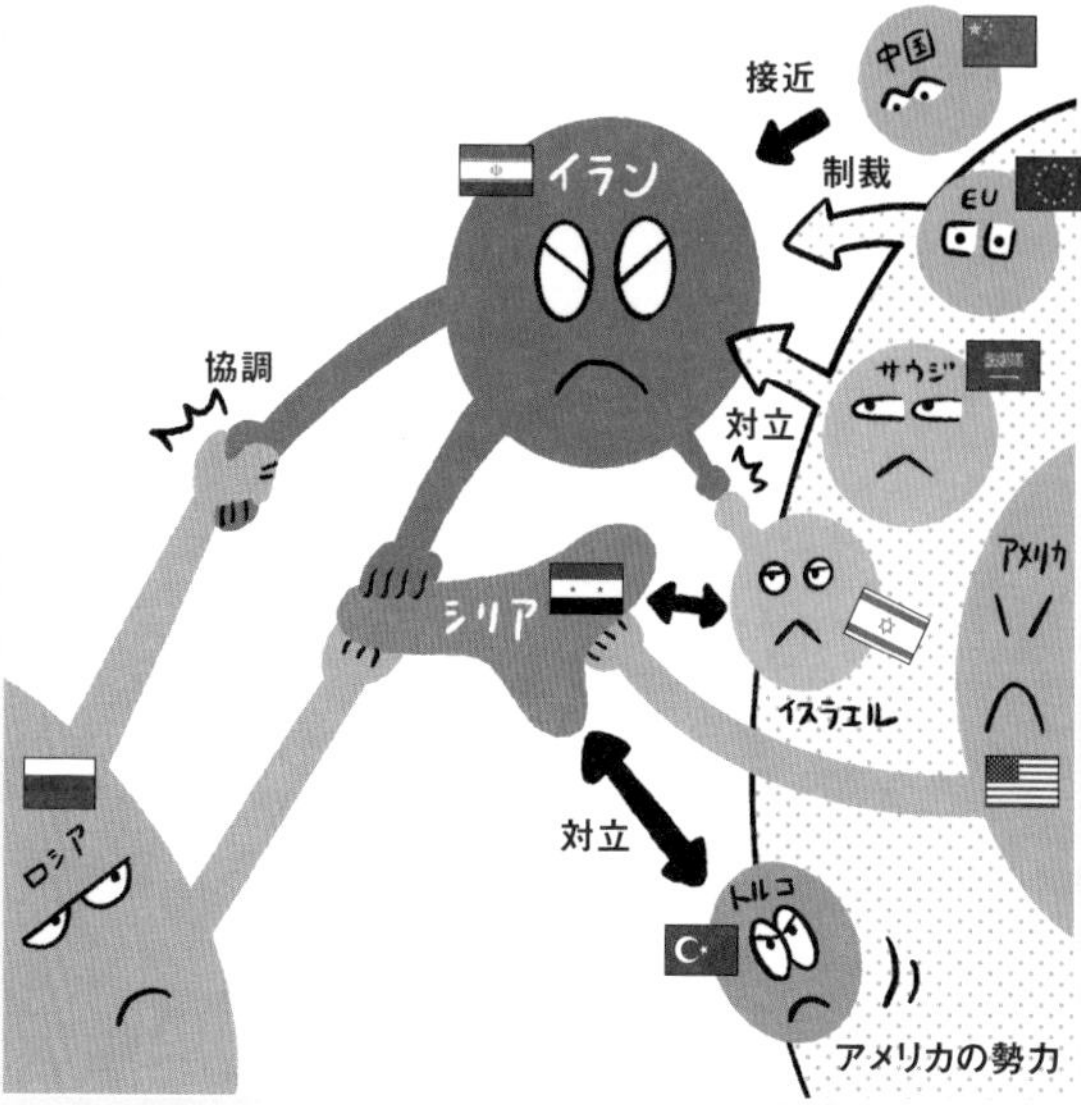

04 Question

ISは崩壊したのに 混乱の増すシリア内戦…… なぜこんなに衝突が続く?

ISの誕生

イラクで誕生したISが、シリアの反政府組織に合流

アメリカへ不満を持つISが、シリアへ移動して反政府組織に合流。アサド政権と衝突。背後にはイスラエルとイランという中東の大国が関与しています。

イスラム国(IS)とは

イラク北西部で誕生したスンニ派の反体制組織。イスラム帝国の建設を目指し、世界中でテロを起こした。

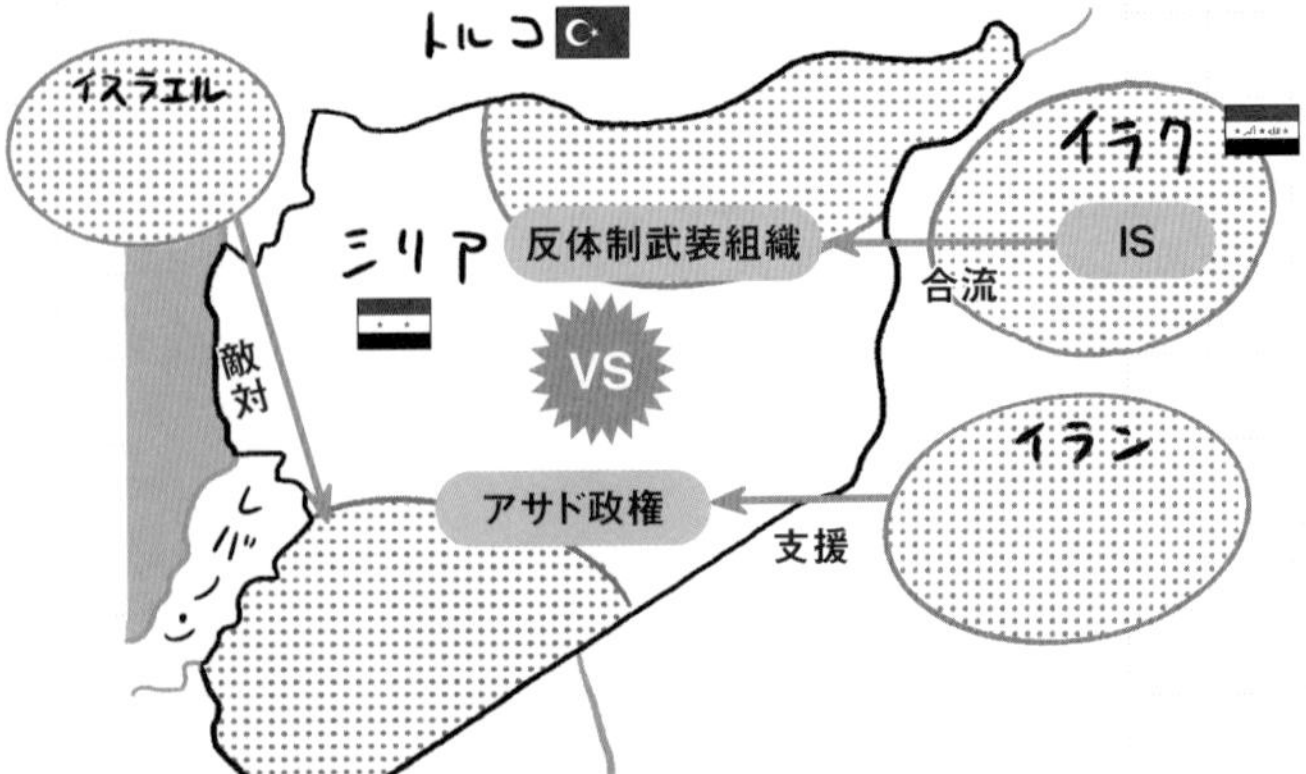

解説

世界中の国を巻き込むシリア内戦

２０１０年代初頭から続くシリア内戦。もともとシリアでは、シーア派の独裁体制であるアサド政権と、多数派であるスンニ派の反体制武装組織が対立。背後にはアサド政権を支援するイランと、敵対するイスラエルがおり、代理戦争のような状態でした。

その後、シーア派やアメリカへの不満を募らせ、スンニ派のＩＳが合流し、「アサド政権」対「反体

Answer

露支援の独裁政権VS欧米支援の反体制組織に

宗教問題に民族問題が重なり、状況は複雑化

ISの台頭　アサド政権 vs 反体制＋ IS の対立に諸外国が介入

アメリカは反政府組織を支援し、ロシアとイランはアサド政権を支援した。IS は世界中から攻撃を受けた。

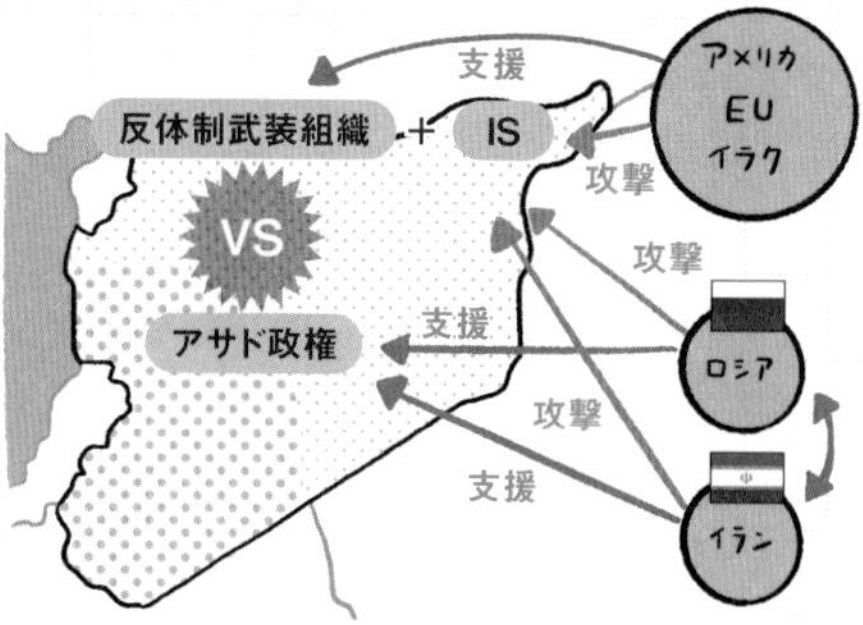

IS崩壊後　アサド政権 vs 反体制 vs クルド人という三つ巴に、トルコが介入

IS がいなくなると、今度は現地にいたクルド人が台頭。一時はシリア北部では反政府組織＋トルコ派が優勢になったが、現在はアサド政権が掌握。

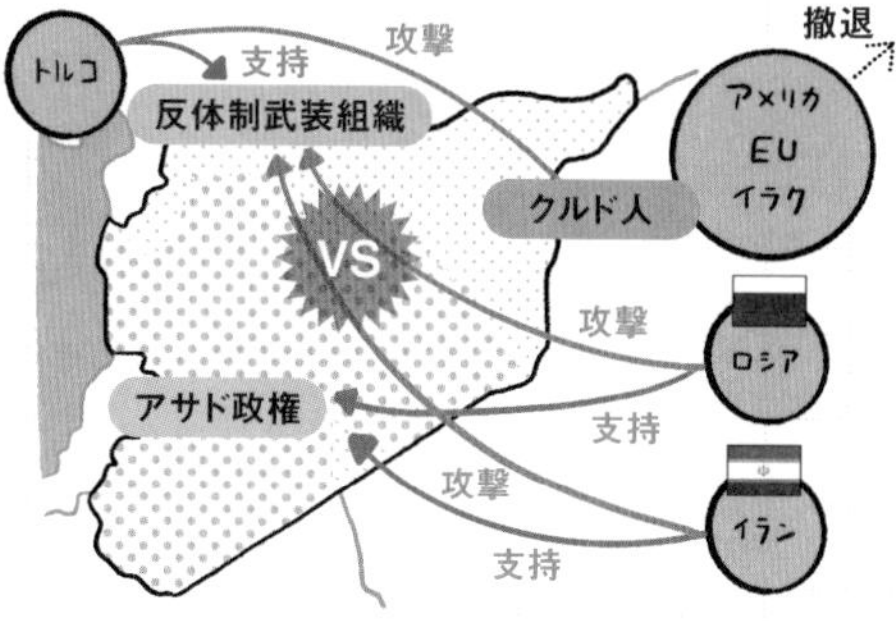

制組織＋ＩＳ」という構図に。世界中でテロを起こしたＩＳですが、米軍を中心とする部隊に空爆を受け、２０１７年には崩壊。そして、同地で勢力を得たのが、「国家を持たない世界最大の民族」といわれ、独立を目指すクルド人です。その後、ロシアやイランなどからの支援を受けたアサド政権と反体制組織、クルド人が三つ巴の争いになりました。現在では、軍事的にはほぼアサド政権が勝利した状態であり、アサド政権は中東諸国との連携を強めています。

中東

05 Question

最近、さらに関係が悪化

そもそもイランとアメリカはどうして対立するの？

ブッシュ（息子）
悪の枢軸《すうじく》として核開発を非難し、経済制裁開始
オバマ
IS打倒で一致。核開発を一部認め（核合意）、経済制裁解除
トランプ
核合意には欠陥があるとして離脱。再び経済制裁開始
バイデン
トランプの主張を引き継ぎ、離脱したまま
反米感情が高まる！
アメリカの支援でイランに独裁政権が成立
民衆のイラン革命で、独裁政権を打倒。アメリカの影響力低下
以後、反米国家に！
アメリカの関与がないイランにイラクが侵攻。アメリカはイラク支援
さらに反米に！
イラクと同時に、旧ソ連もアフガニスタンへ侵攻
ソ連崩壊の一因に！

解説

現在の中東での主要な争いはイランVSアメリカ

現在もペルシャ人という意識があったり、イスラム教では少数派のシーア派が多数派であったりするイラン。アメリカとの関係を見てみましょう。

イランの反米のきっかけは1979年のイラン革命。独裁政権とは対立することが多いアメリカが、イランでは石油を求めて独裁政権を支援。そのため、独裁政権が倒されると、反米の気運が高まったのです。その後、ブッ

Answer

イラン革命以降続く反米の流れは トランプの核合意離脱により、さらに高まっている

〈イランをめぐる世界の動き〉

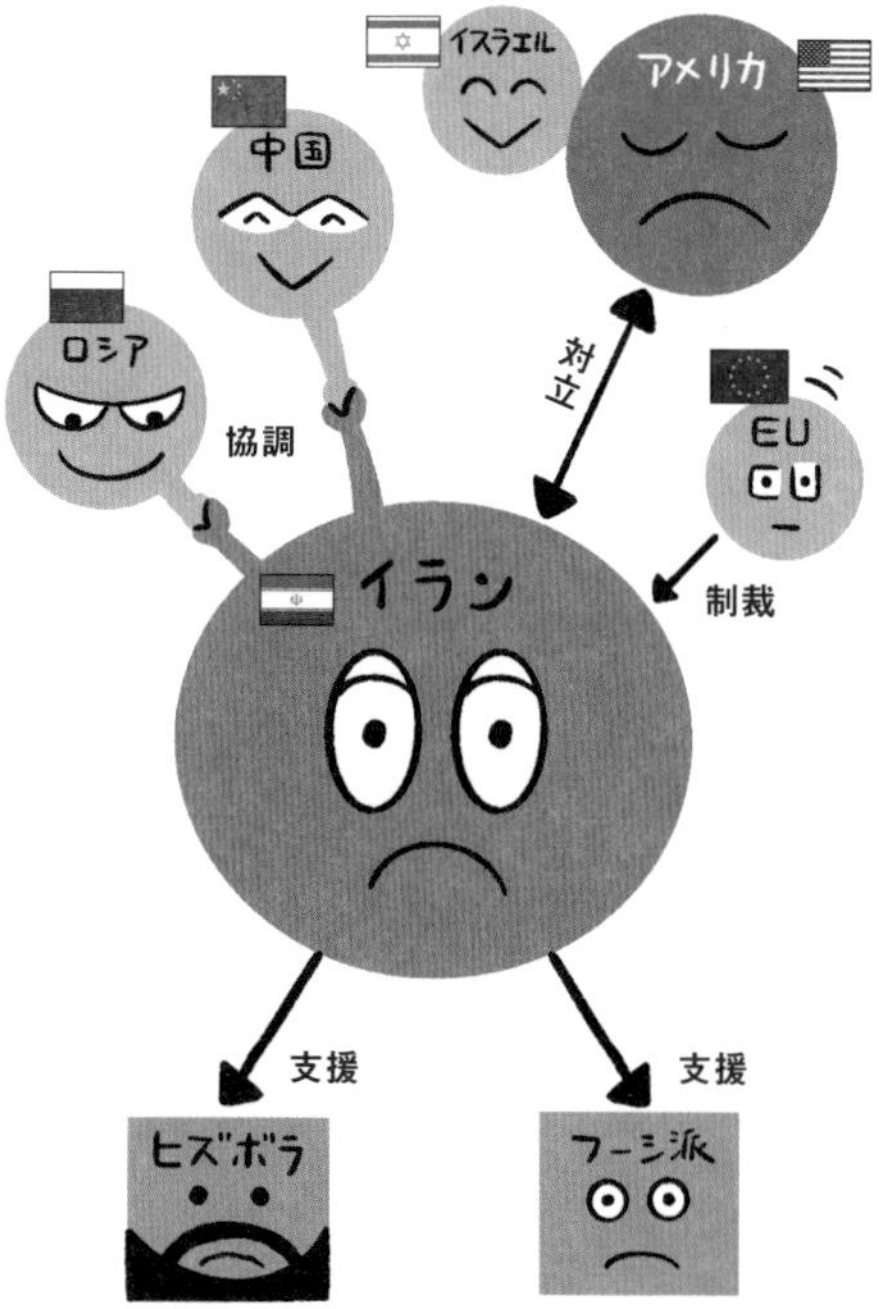

イランはアメリカと対立し、中東での影響力拡大を目指す中国やロシアとは協力関係。EU は核合意を批准しているため、核開発ではイランと対立していないが経済制裁を反動。

シュ大統領は核開発を非難し、経済制裁を発動しましたが、イランは核開発を続行。オバマ大統領は核合意をまとめて制裁を緩めましたが、トランプ大統領は合意を破棄して再び経済制裁を強めました。バイデン大統領は、それを維持したままであり、対立している状態です。

現在、イランはハマスやフーシ派、ヒズボラなどの反政府組織を支援。アメリカはこの繋がりを「抵抗の枢軸」と呼び、警戒しています。

06 Question

中東

想像以上に国土の広い中東の大国
トルコってアメリカやロシアとどんな関係？

NATO の一員でありながら、ちょっと異質

NATO 唯一の中東であり、欧米の中心地とは離れているため、NATO のなかでは、必ずしも一枚岩にならないこともあります。

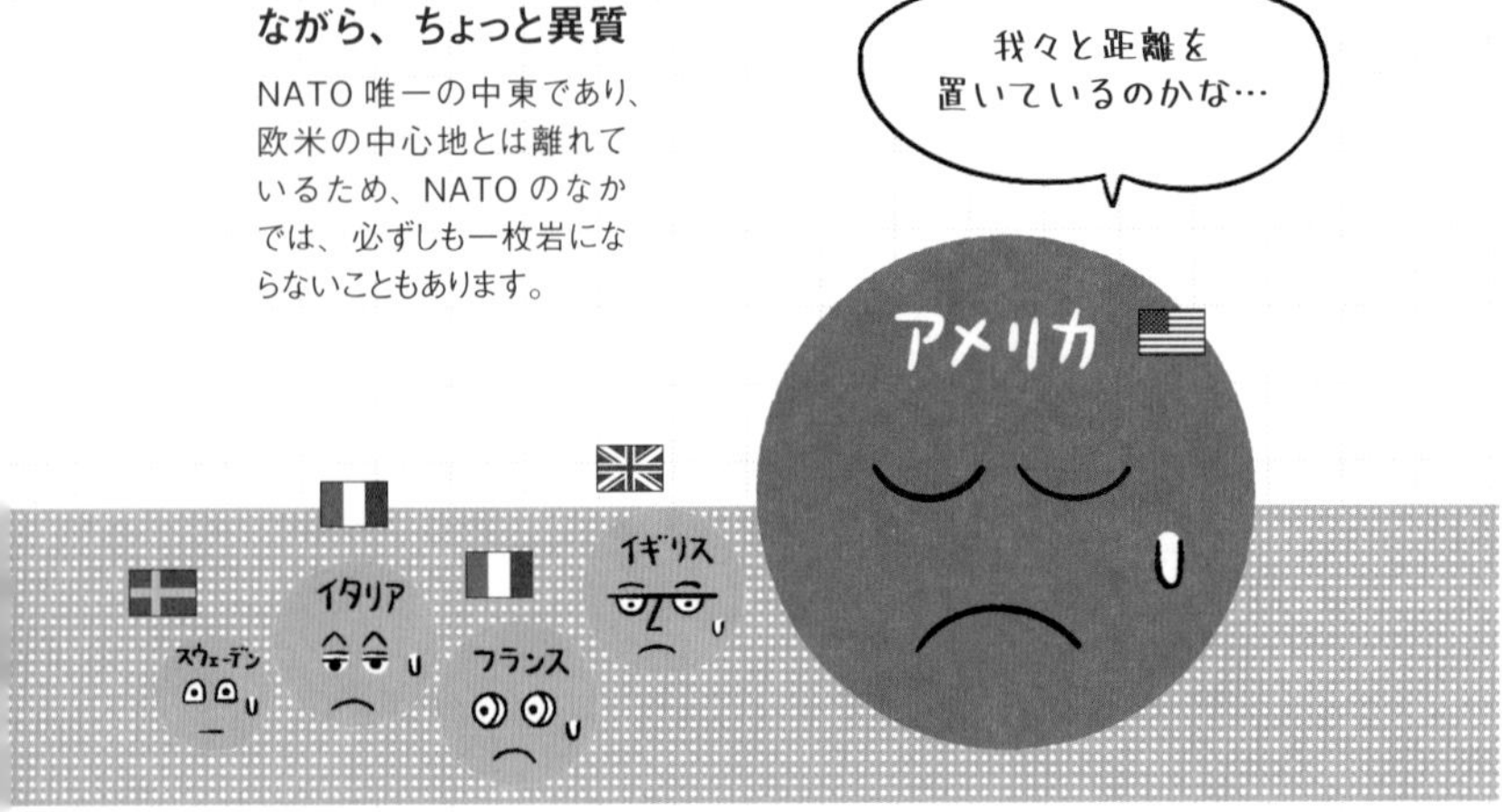

解説

アメリカ、ロシアと微妙なバランスを保つトルコの戦略

トルコはロシアの進出を防ぐＮＡＴＯの一員であり、シーパワー側にいます。しかし、国際社会を渡る独特な戦略があるようです。

トルコは、かつてのオスマン帝国を受け継いでいる国家です。そのため、自らがイスラム世界の盟主という意識があり、米露との独自の関係を構築しているのです。

例えば、ＮＡＴＯで唯一の中東国であり、物理

Answer

かつての大帝国の独自路線

米露、両方とも完全な敵にはならず、近づきすぎない

敵なのか仲間なのかよくわからない

代理戦争をしながら、S-400というロシアのミサイルシステムを購入するという不思議な関係になっています。

“大帝国でありたい”という気持ちが残る

オスマン帝国の名残があり、現在でも“大帝国”の意識から、独特な国際関係を構築しています。

的な距離もあるため、〝NATOの中枢からもっとも離れている国〟といえるでしょう。欧米と常に協調はせず、反対の立場になることも少なくありません。また、ロシアとの関係も独特です。長らく紛争状態だったアルメニアとアゼルバイジャンですが、実はこの戦いはロシアとトルコの代理戦争のような形になっていました。

しかし、一方で、トルコはロシアからミサイルシステムを購入しており、敵でも味方でもない、複雑な関係になっています。

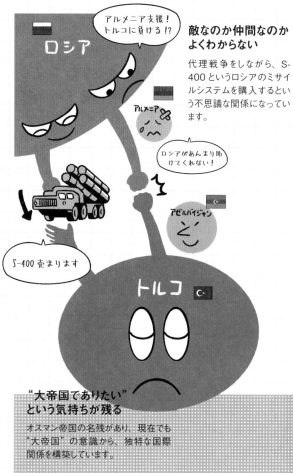

07

Question

イスラエル？ パレスチナ？ エルサレム？
宗教も絡んでよくわからない問題を歴史から整理して！

①世界に散らばるユダヤ人がパレスチナに移住し、現地のアラブ人と対立

②第二次世界大戦後、国連がユダヤ人国家のイスラエルと、アラブ人国家のパレスチナに分割

エルサレムとは

ユダヤ教、キリスト教、イスラム教の聖地である都市。イスラム教にとっては第3の聖地とされている。

解説

いつまでも争いが続くイスラエルの紛争

イスラエルで続く紛争の経緯を振り返ってみましょう。

第一次世界大戦後、バルフォア宣言（P142）の影響もあり、世界に散らばるユダヤ人は独立国家を建設するため、パレスチナに移住。すると、長年現地に住んでいたパレスチナ人（アラブ人）と対立します。これが紛争の大きなきっかけの1つです。また、ユダヤ人が信仰するユダヤ教と、パレス

Answer

エルサレムをめぐる対立も理由の1つだが
要はユダヤ人のイスラエルとアラブ人のパレスチナの争い

③双方納得せず、「アメリカが支援するイスラエル」と「アラブ諸国が支援するパレスチナ」で
4度の中東戦争
④両者が「二国共存」を認める。
パレスチナ暫定自治協定を結ぶ
がんばれー
まけんな
⑤協定に反対する過激派組織による
テロが頻発し、和平交渉は頓挫
現在の問題
イスラエルにとっては、武装組織ハマスや過激派組織ヒズボラなどが現在の主な脅威。

チナ人が信仰するイスラム教は、互いにエルサレムという都市が聖地であり、この場所の領有をめぐる争いも、紛争を大きくする原因になりました。

1947年に国連が「イスラエル（ユダヤ人国家）とパレスチナ（アラブ人国家）」に分割しますが双方反発。アメリカ支援のイスラエルと、アラブ諸国支援のパレスチナで中東戦争が勃発します。その後、二国共存を認めるパレスチナ暫定自治協定が結ばれますが、再び抵抗運動が展開され、争いが続いています。

08 Question

民間人を巻き込み過ぎ……

イスラエルとハマスの激しい戦闘の裏には何が!?

リーダーは極右の言いなりで暴走

イスラエル

面積　約 2.2 万㎢（四国程度）
人口　約 950 万人
政党　リクード党（連立政権）

ベンヤミン・ネタニヤフ首相は、連立を組んだ極右政党の言いなり。アメリカ含め誰の話も聞かずに暴走。国内でも議会や情報部などの意見が届かない状態に。

パレスチナ・イスラエル戦争の推移

2023/10 ハマスがイスラエルに対し、音楽祭などへ奇襲、ロケット砲を発射。イスラエルもすぐに空爆を開始。また、翌日にはイスラム教シーア派組織「ヒズボラ」がイスラエル支配地域へ砲撃

2023/11 ブリンケン米国務長官が、イスラエルを訪問し、ネタニヤフ首相などと会談。24日には、ガザでの4日間の戦闘休止に入った。

2024/4 イスラエルは、シリアのイラン大使館を空爆し、イランのイスラム革命防衛隊が無人機でイスラエル本土へ報復。さらにイスラエルはイランへ空爆で報復した。

"民主的に選ばれたテロ組織"が統治

〈パレスチナ〉

ガザ地区

主な民族 アラブ人
面積 365㎢（福岡市より少し広い）
人口 約222万人
政党 ハマス

2006年にパレスチナ自治政府内の選挙で勝利したハマス。困窮した若者が参加しており、ガザ地区では人気があります。

約20年務めた高齢の首相から、新たな首相に

〈パレスチナ〉

ヨルダン河西岸地区

面積 5,655㎢（三重県程度）
人口 約325万人
政党 ファタハ

もともと順調とは言えない統治が行われており、議長のマフムード・アッバスは90歳近く、指導力が大きく低下していました。2024年3月にムハンマド・ムスタファが新首相に。

08

Answer

イスラエルにハマス、パレスチナ自治政府…

三者三様が機能不全に！中東の〝悪い所〟が凝縮し、戦争勃発

解説

世界に影響がある、ハマスとイスラエルの戦争

2023年10月にイスラエルへ攻撃を開始したハマス。その後、イスラエルもガザ地区へ空爆で報復し、互いに多数の死傷者を出しています。「ガザ地区で不満が溜まり、武力で領土奪還を目指した」

フーシ派の攻撃で アジアとヨーロッパの輸送に打撃

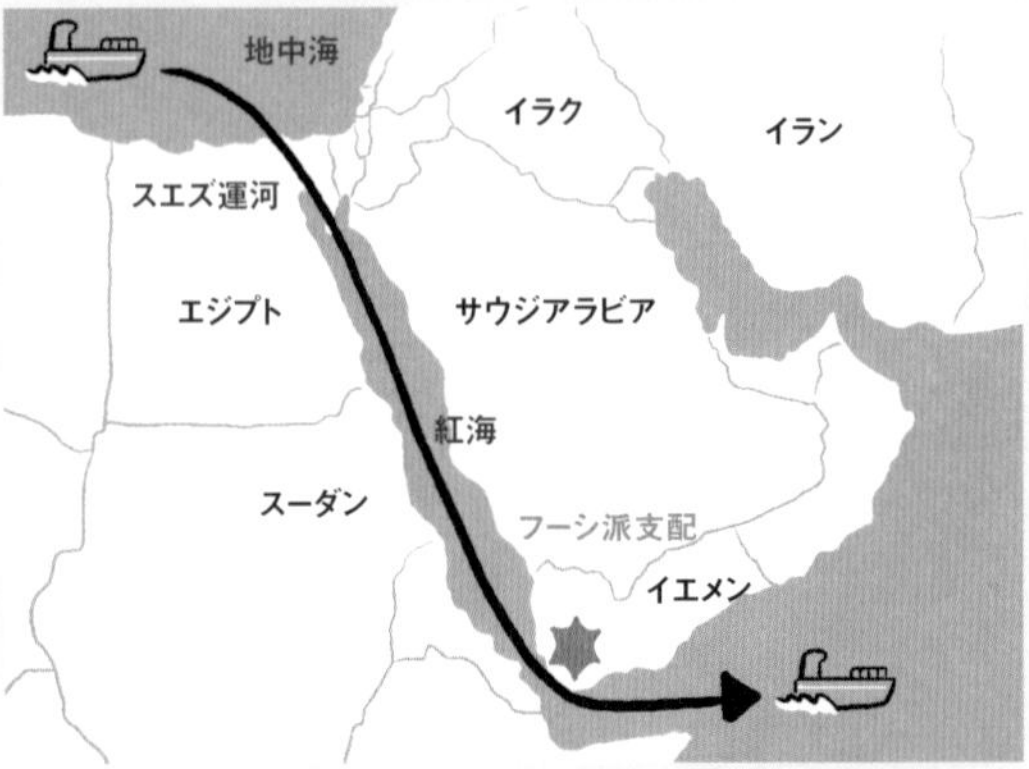

過激なスローガンを持つイエメンの反政府組織フーシ派がハマスに連帯し、紅海やスエズ運河を航行する船舶を攻撃。ヨーロッパとアジアを繋ぐ海路で、コンテナ船などの通行が難しくなっています。

フーシ派のスローガン

アッラーは最も偉大なり
アメリカに死を
イスラエルに死を
ユダヤ教徒に呪いを
イスラームに勝利を

のも衝突の原因の1つ。

ただし、極右政党に引っ張られるイスラエル、選挙で選ばれた政党であり、テロ組織でもあるハマス、リーダーの指導力が低下しているパレスチナ自治政府と、三者が機能不全だったという背景があります。

今回の戦争は世界中にさまざまな影響をあたえており、紅海周辺では**イスラム教フーシ派**が商船を攻撃し、世界の物流に被害を生んでいます。また、ユダヤ人との関わりが深い**ドイツ**や**アメリカ**では、意外な影響が出ているようです。

戦争の影響❶ ドイツでは反ユダヤ派ドイツ人の増加、さらにアーティストが退去!?

イスラエルを支援しているドイツですが、イスラム系移民などイスラエルを嫌悪する勢力が生まれ、また、イスラエルに批判的なメッセージを掲げるアーティストへの支援がストップする事態になっています。

国是としてイスラエル支援

- トルコからのイスラム系移民の増加で、ドイツ国籍を持つ反ユダヤ勢力が誕生
- イスラエル反対のアーティストへの資金提供がストップ。アーティストがドイツを避ける

戦争の影響❷ 異なる思惑をもつ2つのイスラエル支援勢力! その理路は不思議すぎる

アメリカでは主に2つの勢力がイスラエルを支援。1つが成功した在米ユダヤ系などがイスラエルを守るために行うイスラエルロビー。もう1つが、本来ユダヤ教と仲が悪いキリスト教ですが、宗教右派は「将来最終戦争をユダヤ人に起こしてもらうため」という宗教的な理由でイスラエルを支援しています。

イスラエルロビー

政治、経済、社会的に影響力を持つユダヤ系を中心とするロビー団体勢力。イスラエルの利益を守るために広報などロビー活動を行う。

キリスト教右派

伝統的にキリストを殺したユダヤ人とは仲が悪いはずだが、最終戦争をユダヤ人に起こしてもらうため、現在は支援。

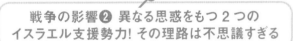

の特徴

小国の集まりながらも、歴史的に世界の覇権を握った国が多いヨーロッパ。その特徴とは?

I 歴史

ヨーロッパは大きな半島。揺れ動きが激しく、安定しづらいという特徴が

解説

大国同士のせめぎ合いの影響を受け続ける

地政学的に、ヨーロッパはユーラシア大陸の西に位置する「半島」です。海洋に進出しやすい反面、陸続きのロシアからの脅威に常にさらされ、またヨーロッパの南にはイスラム諸国が控えています。つまり、東のロシアと南のイスラム、2つの勢力とせめぎ合いを続けてきたのがヨーロッパの歴史なのです。

第二次大戦後はさらにアメリカが介入。アメリカとソ連の冷戦が始まると、ヨーロッパの東側はソ連陣営に、西側はアメリカ陣営に組み込まれます。ヨーロッパは東西対立の最前線になるなど、常に不安定な状態にありました。

地政学で考えるヨーロッパ

II 同盟

ヨーロッパ諸国が締結しているのが 政治経済の「EU」と軍事の「NATO」

第二次世界大戦後、世界の強大な勢力に小国の多いヨーロッパが対抗するため、「EU」や「NATO」がつくられました。

EU

ヨーロッパ諸国で政治や経済の協力をする統合体

加盟国で人やモノ、サービス、資本の自由な移動や通貨の統一などの取り決めをしている。

NATO

ロシアに対抗するアメリカが盟主の軍事同盟

主に旧ソ連、現在はロシアのヨーロッパ進出に対抗するための軍事的な同盟。

EUのみ	EUとNATO		NATOのみ
アイルランド	ベルギー	ラトビア	アイスランド
キプロス	ブルガリア	リトアニア	アメリカ
マルタ	チェコ	ルクセンブルク	イギリス
オーストリア	デンマーク	ハンガリー	カナダ
	ドイツ	オランダ	ノルウエー
	エストニア	ポーランド	トルコ
	ギリシャ	ポルトガル	アルバニア
	スペイン	ルーマニア	モンテネグロ
	フランス	スロベニア	北マケドニア
	クロアチア	スロバキア	
	イタリア	フィンランド	
		スウェーデン	

NATOに新加入!

09 Question

EU離脱も地政学的には イギリスの伝統的な戦略って本当?

ヨーロッパ

イギリスの伝統的な外交戦略

きみはコッチ
きみはココを攻撃

イギリスの戦略

ユーラシア大陸から距離を取ってコントロールする

イギリスはオフショア・バランサーなどと呼ばれ、強国が出現した際、周囲の国を支援して争わせることで大陸内の勢力を均衡させてきました。

イギリスのEU離脱

イギリスは、大陸と離れて安全を保っていたため、EUとして大陸諸国とまとまっているのは不安がある。

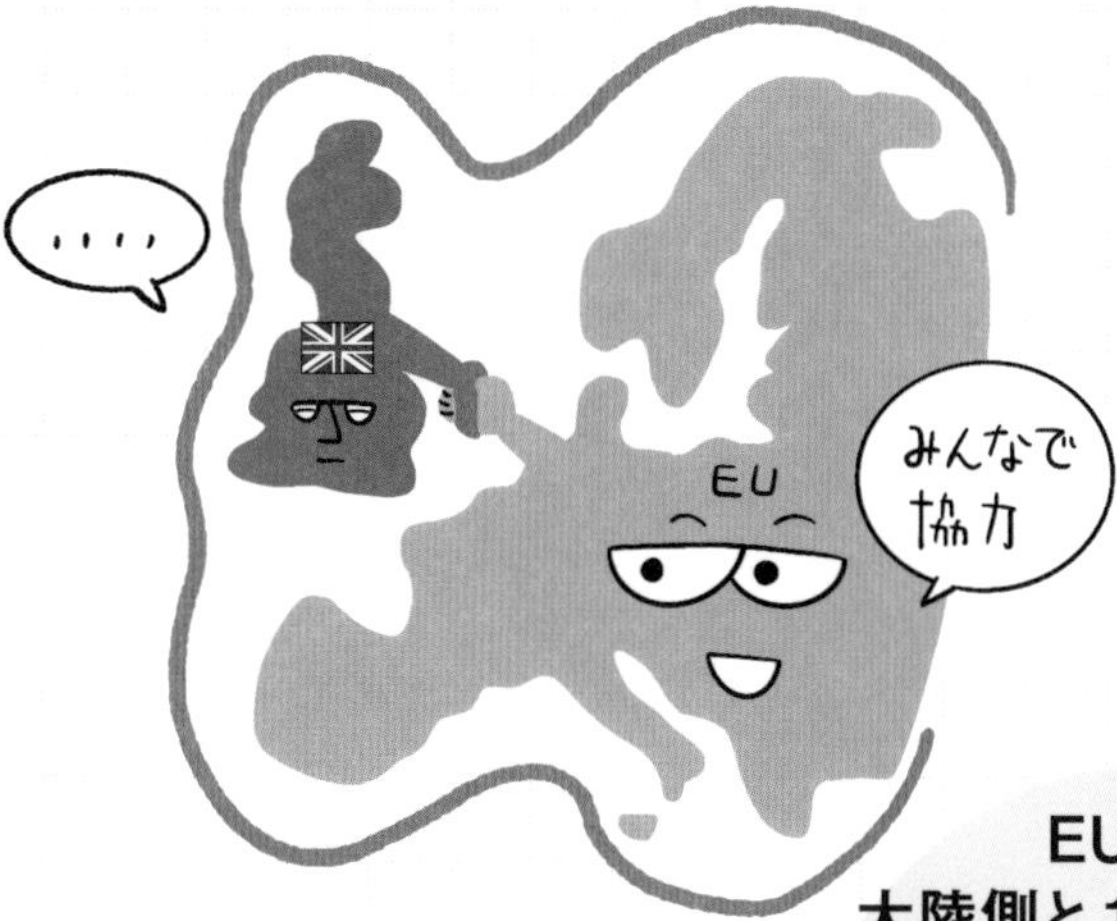

EUとして大陸側と1つになるのはイギリスにとって不安

イギリスは、ユーラシア大陸側がまとまって対抗すると困るため、大陸から距離を取って遠方からコントロールしたいという意識があります。

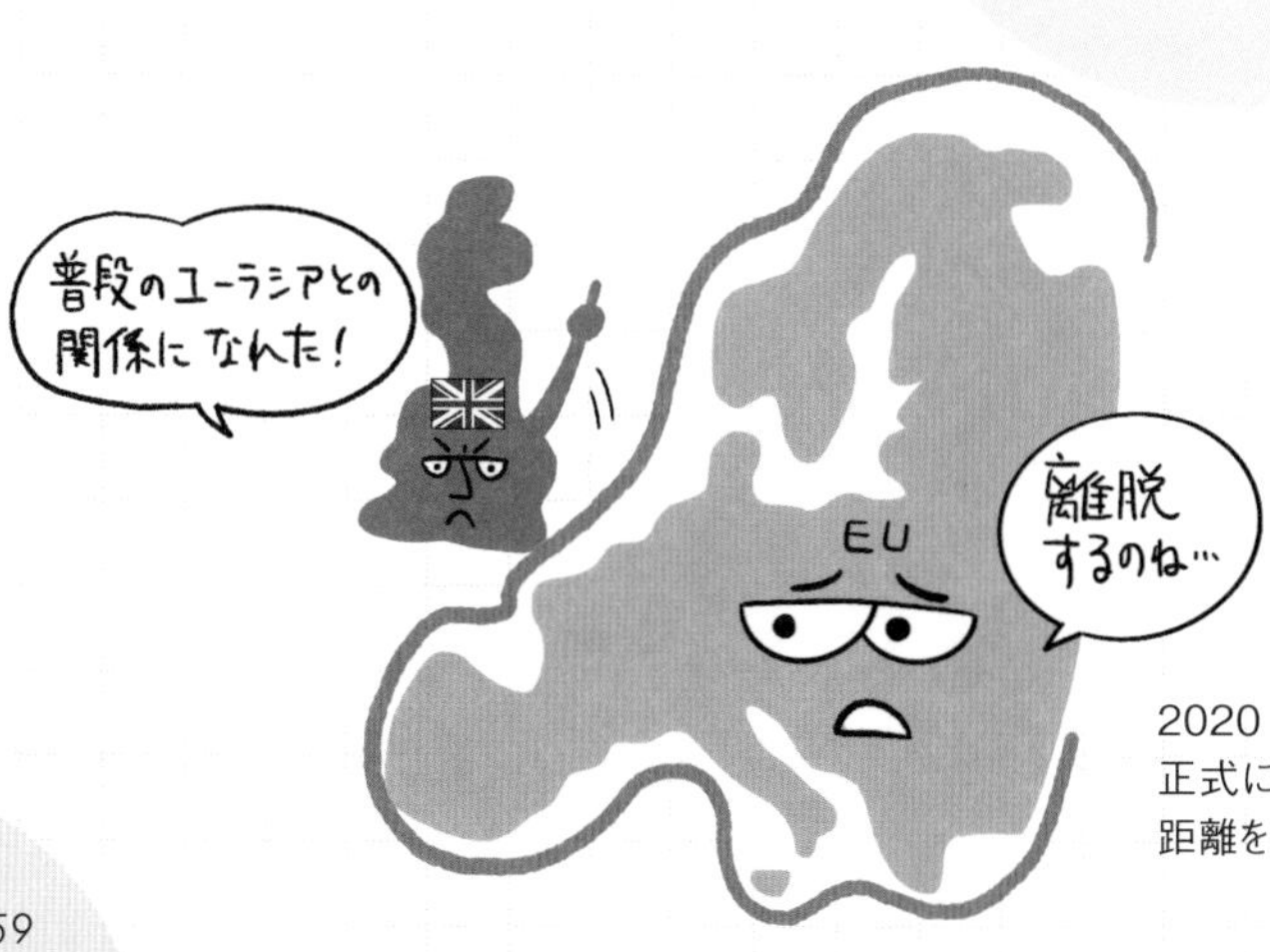

2020年末にEUから正式に離脱し、大陸と距離を置くことに。

09

Answer

世界を制覇した時代から続く

ユーラシア大陸と一定の距離を保つのが イギリスの伝統的な戦略

解説

潜在的に持っている大陸側への恐怖心

イギリスとユーラシア大陸の間にはイギリス海峡（P20）があるため、歴史的にヨーロッパで常に発生していた戦争からある程度距離をとることができました。地の利を生かして、**イギリスは海外に進出し、世界を制覇。ヨー**

ほぼすべての国を支援し ヨーロッパ大陸を分断させてきた

1600年頃に東インド会社を設立し、アジア進出を皮切りに世界中に植民地の拡大を進めたイギリス。その後、北米大陸の13植民地の成立などにより18世紀後半には「第一帝国」が完成しました。アメリカの独立などによって第一帝国は崩壊するものの、エジプトの保護国化、中東やアフガニスタン、ビルマでの勢力拡大、中国分割への参加などを行い、19世紀後半には「第二帝国」が成立。最盛期には世界の4分の1を支配するまでになりました。

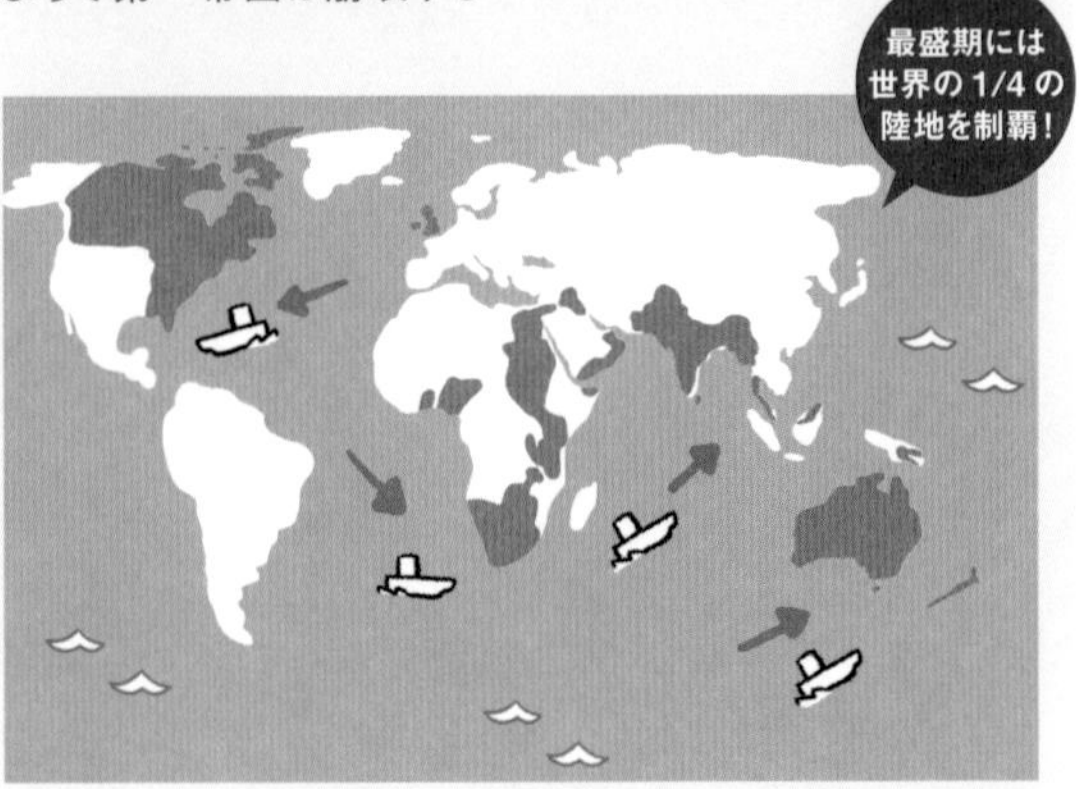
最盛期には
世界の1/4の
陸地を制覇！

ロッパには争いを継続させ、強国が台頭したら抑え込むという戦略でした。ユーラシア大陸と距離を保つのがイギリスの伝統的な姿勢です。しかし、第二次大戦後は、失った植民地に代わる市場を得るためＥＵに加盟しました。

　ところが、伝統的な戦略を重視する加盟反対派が多く、**ヨーロッパと距離を置くＥＵ脱退という選択**に至ったのです。

　しかし、現在、ＥＵ離脱によってイギリス経済は低迷しており、半数以上の国民が失敗だったと後悔しているようです。

英国民のなかにある エリートと非エリートの戦い

イギリスでは、都市部ではたらくエリート層と、それ以外の一般の庶民の間に根深い対立があります。EU離脱の投票結果を見ても、EU残留派はロンドン周辺やスコットランドと北アイルランドに多く、離脱派は都会以外に多いといったように、エリートと一般の庶民のせめぎ合いが現れています。

EUに参加したことで、移民などの外国人労働者が増え、仕事を奪われたという意識があり、EUの離脱を支持。

労働者の増加に影響の少ないエリート層の多くは、グローバル化が進んだ現代は他国との関係が重要と考え、残留を支持。

10 Question

地政学的に不利なはずなのに ドイツのGDPが世界3位になったのはEUのおかげ?

解説

ユーロ安により ドイツ経済は 右肩上がりに

ヨーロッパの中央に位置するドイツは、大国のロシアや、フランス、イギリスなどのヨーロッパ内の大国に囲まれています。そのため古くから、周辺国に侵略を受けていました。一方で周辺国にとっては、第一次世界大戦や第二次世界大戦を引き起こしたドイツは、脅威の存在でもありました。そのため、戦争が終わる度に領土を分断させられてきた歴史があります。

Answer

あまり知られていないが 統一通貨のユーロがドイツの経済を発展させた

ドイツの凶暴化
おさえねば
イギリス
分断させる！
アメリカ
フラン
第二次
世界大戦後、
ドイツは分断

旧ソ連が崩壊し冷戦が終結すると、東西ドイツは再統一。実は、ドイツが再び強大な帝国になることへの不安が、ヨーロッパ諸国によるEU発足の理由の1つといわれています。

しかし、EU内の他国の経済が低迷しユーロ安になると、高品質な商品を製造するドイツにとっては、それが追い風となり、輸出が増加。ドイツをおさえこもうとしたEUが、結果的にドイツの経済を後押ししたという見方もできるのです。

11 Question

ギリシャやユーゴスラビアを救った 地中海の地政学的な優位性ってなに？

解説

歴史にも影響をあたえることがある地中海の意義

地政学の視点で見ると、地中海は中東やアジア、アフリカをつなぐ場所であり、かつ、黒海から海へ抜けるルートの要所。実際、これまでに歴史的に重要な場面で大きな影響がありました。

その1つが、かつて存在したユーゴスラビア。東欧に位置していましたが、この国が完全にロシアに支配されなかったのは、地中海と面し、シーパワー勢力とのアクセスが可能だったおかげと言われています。

もう1つがギリシャです。2009年に発覚したギリシャの財政赤字隠ぺいにより、ユーロ危機が発生。EUの提示した緊縮財政案をギリシャが拒否したにもかかわらず、EUは支援を実行しました。これは、ギリシャが地中海に面した地政学的な要所であり、ヨーロッパ諸国にとっては、対ロシアの防波堤となるからです。EUは、ギリシャがロシアに寝返ることへの恐怖から救済したのです。

Answer

アジアや中東、アフリカ、海洋も…複数のエリアが混じる交差点には、さまざまな利害関係が発生！

ギリシャの優位性

ヨーロッパにとって地中海は中東やロシア、アフリカなどをつなぐ要所

地中海に面した国家は複数の勢力が自陣に取り込もうとするため、さまざまな支援を受けることができるのです。

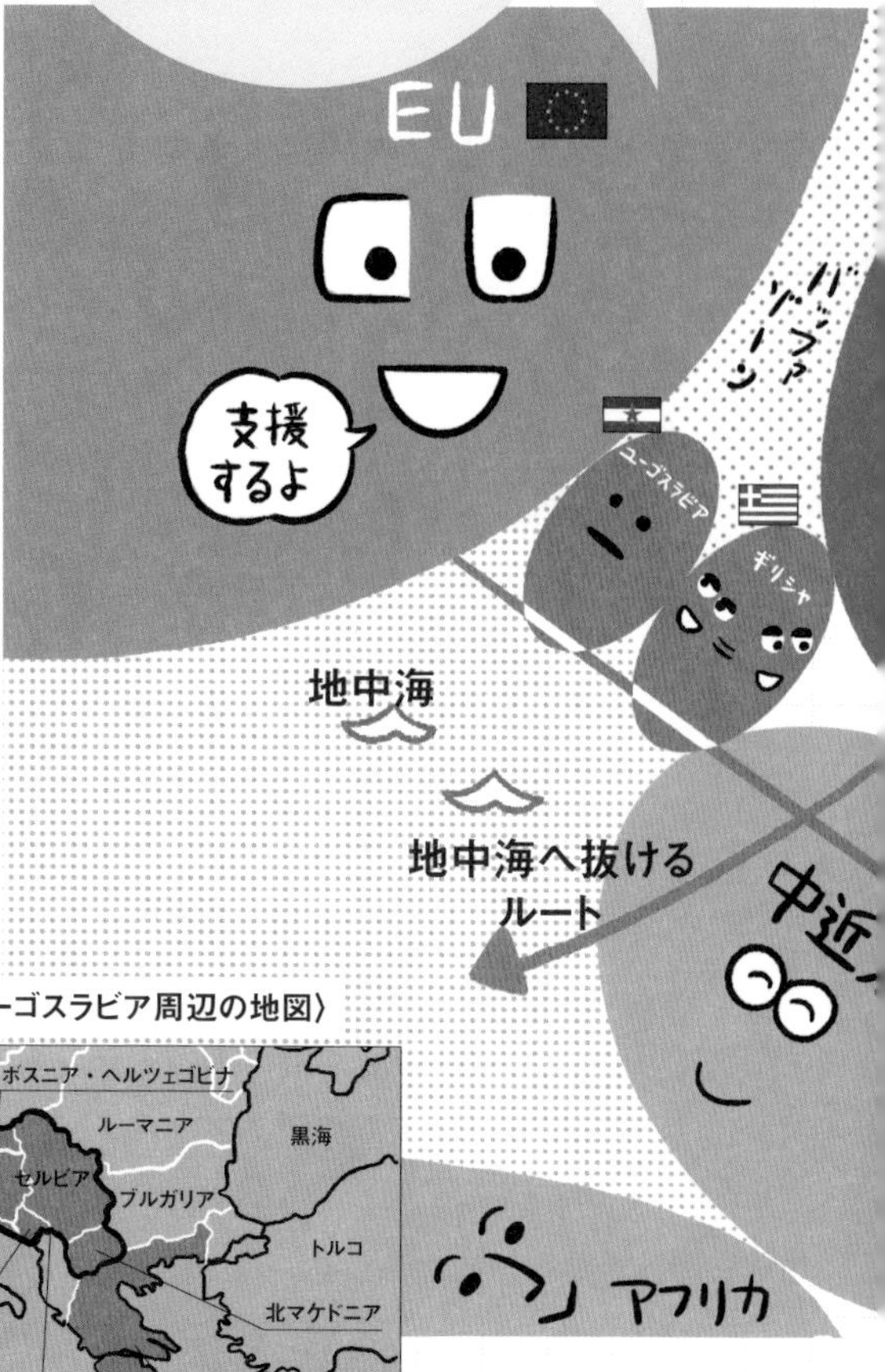

〈ギリシャ・旧ユーゴスラビア周辺の地図〉

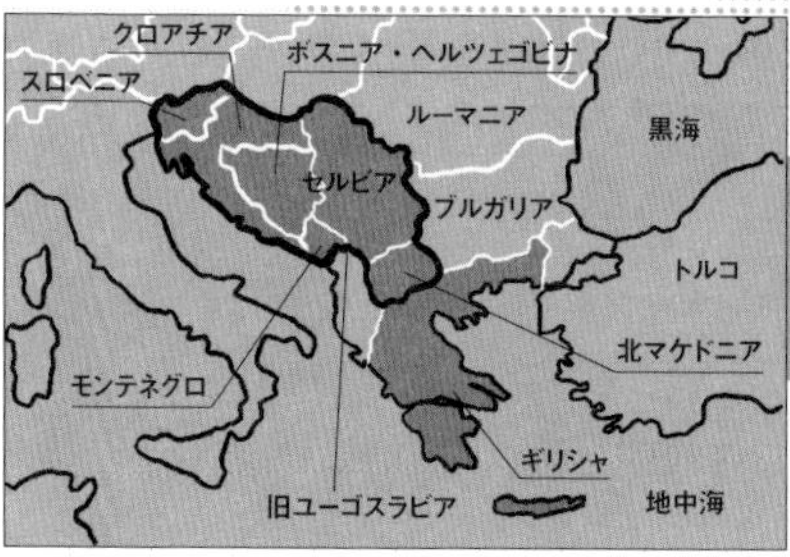

Geopolitics Column

06

どこかで起こった出来事が世界中に大きな影響をあたえる“地政学リスク”

ここ数年で地政学という言葉が広まるなか、ニュース解説などでは「地政学（的）リスク」という言葉も度々聞くようになりました。何となくのイメージで理解している人がほとんどだと思いますが、ここでは「地政学リスク」について考えてみましょう。

「地政学リスク」は、2003年に起こったアメリカによるイラク侵攻の前年である2002年頃に使われはじめた言葉だとされています。元々は、主に経済の世界で使われており、アメリカとイラクが戦闘を開始したら世界情勢が不安定になり、世界中で経済が混乱していく状況を「地政学リスク」と呼んだのです。現在では、経済の世界以外でも使われるようになり、「**あるエリアで政治や軍事、社会などの緊張状態が高まり、エリアの位置的な事情によって、世界の経済や流通、エネルギーなどに悪影響をあたえるリスク**」のことを指しています。

近年になって「地政学リスク」が注目されている理由としては、エネルギーや情報技術、資源、食糧、投資などの取引や投資などの経済関係により、世界中の国や組織同士の結びつきが強くなっていることが挙げられます。グローバル化が進み狭くなった国際社会のなかで、アメリカ一極の時代が終わって世界が多極化したことや、特に中国が顕著ですが、安全保障と政治、経済を一体化させた動きが増えたこと、また、IT が飛躍的に進化したことなどにより、さまざまな地域の出来事が一瞬のうちに世界中に大きな影響をあたえるようになったことが原因の 1 つでしょう。

現在、アジアでは「台湾有事（P114）」、中東では「ハマスとイスラエルの衝突（P152）」、ヨーロッパでは「ロシアのウクライナ侵攻（P88）」など、世界中にさまざまな地政学リスクが存在しています。なかでも、地政学リスクを専門に扱うアメリカのコンサルティング会社の調査によると、**もっとも大きな地政学リスクは「アメリカの分断（P78）」**です。

アメリカは共和党と民主党の対立が激しさを増し、先進国のなかでも政治システムの劣化がもっとも激しい国の 1 つになっています。さらに 2024 年に大統領選によって、さらに分断が進むことが予測されており、世界中に大きな影響をあたえることは間違いないでしょう。

また、気候変動も「地政学リスク」に大きな関係があります。例えば、物流ルートの変化の代表例として、降水量が減ってパナマ運河の水量が少なくなり、船の交通量に制限がかかったことも一種の「地政学リスク」と言えるかもしれません。

アメリカ一極の秩序とは異なる世界になる!? 米中露による新冷戦とは

2018年、アメリカによる新冷戦の開戦宣言がなされた

経済成長をとげ、世界2位の国力を持つまでになった中国。中国共産党の一党独裁体制で国内を統治し、ＩＴを使って14億人の国民を監視する社会システムを実現しつつあります。国外に向けては、一帯一路構想（Ｐ118）や、中国が主導して発足させた、アジア諸国でのインフラ開発の金融支援を行うアジアインフラ投資銀行（ＡＩＩＢ）などにより、世界でのプレゼンスを高めています。

中国が目指しているのは、習近平の言葉によると「中華帝国の偉大なる復興」（Ｐ122）。**アメリカが主導する世界の貿易体制や自由・民主主義社会から、中国共産党が管理する新しい秩序をつくりあげようとしているのです。**

アメリカも中国との対立を明確にしています。それがわかるのが２０１８年10月、ペンス副大統領（当時）が行った演説です。その内容は、「習近平は南シナ海を軍事化しないと発言したが、実際には人工島にミサイルを配備している」「中国国内ではキリスト教や仏教徒、イスラム教徒が迫害を受けている」といった安全保障や人権などにおける中国への批判です。

さらには、「中国は政治や経済、軍事的手段、プロパガンダを通じてアメリカに影響力を行使している」と、アメリカの立場を脅かす動きにも言及し、最後には「（トランプ：当時）大統領は引き下がらない、米国民は惑わされない」と対抗の意思をはっきりと示したのです。この演説は、**アメリカの中国との新冷戦の開戦宣言**ともとられています。

２０２４年には、アメリカ国内でニューヨークタイムズの記者による「Ｎｅｗ Ｃｏｌｄ Ｗａｒｓ（新冷戦）」という本が出版されるなど、新冷戦が現実のものになってきていることが、広く認知されつつあります。

また、２０２２年にウクライナへ侵攻し、現在も争いを続けているロシアも、米中の争いに関与しています。自国の発展のために強引な現状変更を繰り返しているロシアは、アメリカ、つまりはシーパワー側との対峙する姿勢を隠しません。２０２４年5月にはプーチン大統領と習近平国家主席が会談を行うなど中国とロシアは結束を強化しているのです。

地政学で解釈すれば、新冷戦はアメリカと中国の争いを頂点にしながら、〝**アメリカを盟主とするヨーロッパや日本などのシーパワー側の勢力**〟と〝**中国とロシアに加え、イランや北朝鮮などの勢力**〟の争いという形になるでしょう。

数年前であれば、シーパワー側が有利であることはゆるがなかったかもしれませんが、ここ数年でアメリカの優位性は相対的に低下しており、同時に、２０２４年には共和党と民主党、トランプとバイデンの大統領選挙を控え、過去にないほど政治の分断が深刻化しています。内戦が発生する可能性（Ｐ７８）も否定できず、国内の統治が不安定であるアメリカは、これまでのように絶対的な覇権国とも言い切れない状態であり、新冷戦によって世界の秩序が大きく変化する可能性があるのです。

大国同士の戦いは、直接対峙するのではなく別の場所で局地戦が

では、新冷戦は、軍事的にどのような展開になるのでしょうか？ アメリカ、中国と

も核保有国ですから、核戦争が起こるのかと思うかもしれません。しかし、どちらかが核ミサイルを使えば、当然、核ミサイルで反撃を受けることになります。そうなると、国自体、悪くすれば地球自体が滅亡する可能性があるため、核戦争にはなり得ない可能性が高いでしょう。

どのような形態の戦争になるかを考えると、１９４０年代から１９８０年代に起こったアメリカと旧ソ連の冷戦がヒントになります。大国同士の戦いは、韓国（アメリカ支援）と北朝鮮（旧ソ連支援）による朝鮮戦争や、南ベトナム（アメリカ支援）と北ベトナム（旧ソ連支援）によるベトナム戦争などのように、**国同士の代理戦争、もしくはある国のなかで、アメリカと中国が支援する２つの派閥が争う内戦が引き起こされるケース**が多いのです。つまり、中国とアメリカが直接的に対峙する可能性はそれほど高くないですが、両国とは直接、関係のない場所で、両国から支援を受けた勢力同士が局地戦を展開することになる可能性があるということです。

ですから、本書では軍事的な衝突の可能性は高くないと紹介しましたが、台湾有事（Ｐ１１４）による中国と台湾の争いも、中国とアメリカ支援の台湾という意味では、代理戦争のような形といえるかもしれません。

アメリカが仕掛ける、相手にコストを無理やり掛けさせる戦略

もうひとつ、かつての冷戦から、アメリカの動向として予測できるのが、「コスト賦課《ふか》」という戦略です。これは、かつてアメリカのカーター大統領が始めたもので、**「相手国家が構造的にコストをかけざるを得ない部分のコストを増大させる」**というもの。

具体的にいうと、旧ソ連の軍事や文化、予算などを分析し、旧ソ連は「攻め込まれることを非常に嫌がること」や「首脳部が、低空から侵入する兵器に脆弱と感じていること」などが判明します。そこで、アメリカは爆撃機のように低空から侵入する兵器をロシア周辺に配備。ロシアは攻め込まれないよう防空システムを増強しますが、国境線が非常に長いため防衛コストが増大し、財政的に窮地に追い込まれました。兵器を軍事的な存在ではなく、相手のコストを増大させるために使ったのです。これが「コスト賦課」で、アメリカは中国に対してもこの作戦を仕掛けています。

新冷戦によって、日本国内は親米派・反米（親露・親中派）の分断が強まる

この新冷戦の日本への影響としては、国内はかつてのベトナム戦争の時代のような状態になると考えられています。ベトナム戦争が起きた1960年代、国内の世論は、右翼左翼にわかれて大論争になり、学生運動なども大きく盛り上がりました。政治の世界でも社会党はソ連から、自民党はアメリカから資金援助を受けていたと言われています。

地政学では、大国の動向に大きく左右される小国は軽視される傾向がありますが、新冷戦の影響で日本国内は新米派と反米派（親露・親中派）という国民の分断が強まるかもしれません。もちろん、政府は、日本がシーパワー側についていくことを選択していますが、将来的にはプロパガンダ戦が展開され、ランドパワー側に有利な意見が強くなる可能性もあります。

おわりに

conclusion

〝自分たちに都合のいい〟平和論に流されず広い視野で、世界をとらえる能力を養う

いかがだったでしょうか？　本書を通じ、「義理」や「人情」、「好意」などは一切なく、自らの「国益」のためだけに領土・権力争いを延々と続ける、殺伐とした世界の国々の姿が見えてきたと思います。

「なんだかいやなものの見方だな」と思ったあなた。それは、いわゆる〝普通〟の日常生活を送る日本人としては正常な感覚ですし、まったく間違いではないでしょう。

ところが、そのような感覚は、世界政治の冷酷な論理の前では、言葉を選ばずにいえば、邪魔にしかなりません。世界中の国家は、我々のような普通の日本人の感覚とは大きくかけ離れた、地政学的な戦略に基づいた「世界観」を持って動いているからです。

私は、多くの日本人と同じように、世界平和を求める人間の1人です。しかし、これまで自分なりに地政学の研究を続けてきた結果、少なくとも当分の間は、世界平和を実現するのは難しいのではないかという考えにいたりました。というのも、「どのような状態が世界平和なのか」という世界観は、国や人、民族、宗教などによって大きく異なるからです。人々が、〝自分たちに都合のいい平和〟を求めるからこそ、絶えず争いが起こり、平和を求めること自体が、争いのタネにすらなっています。

今後、ますます混迷を深める冷酷な国際社会をひも解き、状況を冷静に分析するための有力なツールの1つが、本書の「地政学」なのです。これを身につけることで、〝自分たちに都合のいい〟安易な理想論や平和論に流されず、広い視野で、論理的に、背景にある思惑をも含め、世界そのものをとらえる能力を養う一助になれば幸いです。

奥山真司

奥山真司（おくやま・まさし）

1972年横浜市生まれ。地政学・戦略学者。戦略学Ph.D.（Strategic Studies）。国際地政学研究所上席研究員。多摩大学大学院客員教授。

カナダ・ブリティッシュ・コロンビア大学（BA）卒業後、英国レディング大学院で、戦略学の第一人者コリン・グレイ博士（レーガン政権の核戦略アドバイザー）に師事。地政学者の旗手として期待されており、ブログ「地政学を英国で学んだ」は、国内外を問わず多くの専門家からも注目され、最新の戦略論などを紹介している。現在、防衛省や大学などの教育機関で地政学や戦略論を教えている。また、国際関係論、戦略学などの翻訳を中心に、若者向けの国際政治のセミナーなども行う。

著書に『地政学 アメリカの世界戦略地図』（五月書房）、『“悪の論理”で世界は動く!』（李白社）、『世界を変えたいなら一度“武器”を捨ててしまおう』（フォレスト出版）、『新しい戦争の時代の戦略的思考』（飛鳥新社）、『世界最強の地政学』（文藝春秋）、訳書に『大国政治の悲劇』（ジョン・ミアシャイマー著）、『米国世界戦略の核心』（スティーヴン・ウォルト著）、『進化する地政学』（コリン・グレイ、ジェフリー・スローン編著）、『胎動する地政学』（コリン・グレイ、ジェフリー・スローン編著）、『幻想の平和』（クリストファー・レイン著）、『なぜリーダーはウソをつくのか』（ジョン・ミアシャイマー著、以上、五月書房）、『戦略論の原点』（J・C・ワイリー著）、『平和の地政学』（ニコラス・スパイクマン著）、『戦略の格言』（コリン・グレイ著、以上、芙蓉書房出版）、『インド洋圏が、世界を動かす』（ロバート・カプラン著、インターシフト）がある。

サクッとわかる ビジネス教養　新地政学

2024年7月25日　初版発行
2024年11月15日　第3刷発行

監修者　奥山真司
発行者　富永靖弘
印刷所　公和印刷株式会社

発行所　東京都台東区台東2丁目24　株式会社　新星出版社
〒110－0016　☎03(3831)0743

ISBN978-4-405-12036-5